Anselm Grün
일상을 새롭게 바꾸려면

단순하게 살다

Was im Alltag gut tut.
Mehr als 30 Möglichkeiten, die das Leben leichter machen
by Anselm Grün edited by Rudolf Walter

illustrations © Designbüro Gestaltungsaal
© 2021 Verlag Herder GmbH, Freiburg im Breisgau
All rights reserved.

Korean Translation Copyright © 2025 Living with Scripture Publishers, Seoul, Korea.

이 책의 한국어판 저작권은 Verlag Herder GmbH와 독점 계약한 '성서와함께'에 있습니다.
저작권법의 보호를 받는 저작물이므로 무단 전재와 복제를 금합니다.

Anselm Grün

일상을 새롭게 바꾸려면

삶을 더 가볍게 하는 마흔 가지 방법

안셀름 그륀 지음 · 루돌프 발터 엮음
황미하 옮김

성서와함께

차례

여는 글 8

아침을 기쁘게 맞이하라 13
직면한 일을 즉시 처리하라 17
모든 감각을 열고 하루를 시작하라 22
좋은 결심을 하고 실천하라 26
삶은 언제나 지금이다 30
어려운 일을 피하지 마라 34
할 일을 미루지 마라 39
질서를 세우라 42
시간을 주도하라 47
서두르지 마라 51

때로는 "아니요"라고 말하라 56

몰입을 체험하라 60

신선한 공기를 마시며 심호흡하라 64

반대 체험도 중요하다 68

피곤이 밀려오면 초대로 받아들이라 73

단순하고 건강하게 식사를 즐기라 77

가끔은 게을러도 괜찮다 81

휴식은 몸과 영혼에 유익하다 85

칭찬은 나에게도 타인에게도 이롭다 89

당신이 어떻게 평가하는지 주목하라 94

화내지 마라 99

밖으로 나가 숲을 산책하라 103

우정을 가꾸기 위해 시간을 내라 107

기쁨을 잊지 마라 111

힘든 관계를 명확히 하라 116

"멈춰!" 하고 말하는 법을 배우라 120

방해받지 않고 고요하게 125

'전원'을 끌 수 있는 사람은 삶에서 더 많은 것을 누린다 129

포기함으로써 얻는 자유 133

묵상하라 138

추억은 생기를 준다 144

삶이 무엇인지 사람들의 말을 들어 보라 149

일이 끝나면 쉼이 찾아온다 154

다른 사람에게 시간을 선사하라 160

아이와 함께 놀기 165

TV도 다른 시각으로 보라 170

동물과 교감하라 174

집중해서 음악을 감상하라 179

감사는 관점을 바꾸는 마음가짐이다 182

하루를 의식적으로 마치고 잘 자라! 185

닫는 글 188

옮긴이의 말 192

♪♪ 여는 글

제가 수도원에서 여는 영성 프로그램을 마칠 무렵이면 많은 참가자에게서 이런 말을 듣곤 합니다. "여기서 보낸 시간이 참 좋았어요. 저에게 유익한 시간이었습니다. 그런데 어떻게 해야 여기서 체험한 것을 일상에서 간직할 수 있을까요?" 어떤 참가자들은 다른 영성 프로그램을 마친 뒤에 했던 경험을 이야기합니다. "집으로 돌아오자마자 스트레스가 저를 다시 움켜쥡니다. 아이들은 늘 저에게 무언가를 원합니다. 저는 그 일을 철저히 해내야만 하고요. 그러니 곧바로 예전의 판에 박힌 일로 돌아갈 수밖에 없어요. 다람쥐 쳇바퀴 도는 듯합니다. 저는 지속적으로 자유로워지고 싶습니다. 어떻게 해야 할까요?"

저는 두 가지 답을 내놓습니다. 먼저 이렇게 조언합니다. "계획을 너무 많이 세우지 마세요. 과도한 계획을 세우면 아무것도 이룰 수 없으니까요." 저는 결심에 관해 말하는 것도 삼갑니다. 이런 속담이 있지요. "지옥으로 가는 길은 좋은 결심들로 포장되어 있다." 저는 오히려 연습에 관해 말합니다. "몇 주간 한 가지만 연습하는 것으로 충분합니다. 그것이 우리를 변화시킵니다."

1970년대 초 심리치료사로 널리 알려진 그라프 뒤르크하임Graf Dürckheim(1896-1988)이 토트모스 뤼테Todtmoos-Rütte에서 운영하는 명상센터에 몇 번 간 적이 있습니다. 당시에 그는 몸을 제대로 관리하지 못한 어느 스웨덴 사람에 관해 들려주었습니다. 그 사람은 컨디션이 좋지 않았고 중심을 잡지 못했습니다. 그는 제대로 서 있지 않았습니다. 그에게는 모든 게 흐릿했지요. 이런 그에게 뒤르크하임은 한 가지 과제를 내주었습니다. 날마다 잠시 똑바로 서서 자신이 나무처럼 서 있는 모습을, 땅속 깊이 뿌리를 박고 하늘을 향해 가지를 뻗고 있는 모습을 그려 보라고 한 것입니다. 이 스웨덴 사람은 그 말을 명심했습니다. 그리고 집으로 돌아가 하루도 빠짐없이 이 과제를 실행했습니다. 1년 뒤 뤼테에 돌아온 그의 모습은 완전히 달라졌습니다. 컨디션이 좋았고 중심도 잡고 있었습니다.

이 책에서 저는 일상을 서서히 새롭게 바꾸는 방법과 일상에서 무엇보다 자기 자신을 변화시키는 방법을 소개하려 합니다. 변화에는 시간이 필요합니다. 자연을 보면 알 수 있지요. 나무가 땅에 뿌리를 내리고 튼실해지려면 시간이 걸립니다. 화초는 서서히 성장하고 꽃도 천천히 피웁니다. 변화 역시 느리게 이루어집니다. 그러므로 이 책에 제시한 방법들은 일상을 다스리기 위한 신속한 비결이 아닙니다. 이 방법들을 몸에 익도록 반복해서 실천해야 우리 안에서 무언가가 달라집니다. 그러나 제가 권하는 모든 방법이 누구에게나 맞는 것은 아니고 어느 때나 적용되는 것도 아닙니다. 그러니 책을 읽어 가면서 어떤 방법을 실행에 옮기고 싶은지 보고 지금 마음이 끌리거나 호기심이 이는 방법을 택하세요. 그 방법을 몇 주간 날마다 꾸준히 연습할 수 있습니다. 그러고 나면 무엇이 달라졌는지 보일 것입니다. 나중에도 그때의 상황에 적합한 방법을 택하여 실행하면 됩니다.

제가 영성 프로그램 참가자들에게 제시하는 둘째 대답은 이렇습니다. "날마다 실행하고 싶은 의식儀式을 택하세요." 의식은 신앙을 구체적으로 일상생활에 가져올 수 있는 한 가지 방법입니다. 자신의 삶은 신앙과 분리되어 있고 믿음은 일상에서 실제로 표현되지 않는다고 많은 사람이 한탄합니다. 그러나 신앙을 토대로 일상을 살겠다고, 예컨대 더 많이 기도하거나 더 자주 묵상하겠다고 결심만 하는 것은 별로 의미가 없습니다. 너무 추상적입니다. 그러나 날마다 행하는 의식은 하느님을 향해 나아가는 데 도움이 되고 내가 하느님 앞에 서 있음을 상기시킵니다. 또한 의식은 하루를 형성합니다. 의식에는 하나의 형태가 있습니다. 고대 그리스인들은 이렇게 말합니다. "의식은 거룩한 시간을 만들어 낸다." 세상에서 멀리 떨어져 있는 것, 세상의 영향을 받지 않는 것은 거룩합니다. 의식이 나에게 허용하는 거룩한 시간은 오롯이 나의 것입니다. 이때 이런 생각이 듭니다. '지금 이 순간, 나는 나 자신으로 살고 있다.' 그렇습니다. 나는 타인의 기대나 일상의 요구에 매여 있지 않습니다. 자유롭습니다. 나는 나 자신으로 있으며 하느님과 친교를 이룹니다. 하느님이 나를 지탱하고 계십니다.

그러므로 저는 이 책에서 일상을 더 가볍게 하기 위해 연습할 수 있는 다양한 방법과 의식을 소개하려 합니다. 물론 여러분이 그것을 모두 실행하겠다고 마음먹지는 않겠지요. 그 가운데 한 가지 의식을 택하고 몇 주간 실행해 보세요. 그러면 나 자신과 일상을 바꾸는 데 그 의식이 적합한지, 유용한지 알 수 있을 것입니다.

이 모든 연습에는 공통점이 있습니다. 이렇게 연습한

덕분에 자신이 직면한 상황에 적극적으로 대처할 수 있다는 점입니다. 사는 게 어렵고 힘들다며 하소연하는 사람들을 자주 봅니다. 맞습니다. 어려움은 현실이지요. 문제를 해결하거나 무시할 수는 없습니다. 그러나 문제에 굴복하느냐, 아니면 적극적으로 대응하느냐는 항상 자기 자신에게 달렸습니다. 우리는 살면서 부딪히는 난관들 앞에서 무력하지 않습니다. 삶을 주도하고 형성할 수 있는 여지는 언제나 있습니다. 모든 것을 바꿀 수는 없습니다. 그러나 구체적인 방법을 실행하면 우리를 짓누르는 스트레스, 때때로 느끼는 무력함, 눈앞에 닥친 문제에 답을 얻게 됩니다. 저는 그런 구체적인 방법들을 제시하려 합니다.

따라서 지금 당장 많은 것을 바꾸려 한다거나 다른 방식으로 자신을 압박하려 들면서 이 책을 읽어서는 안 됩니다. 책에 나오는 다양한 글을 천천히 읽고 그때 드는 느낌을 신뢰하세요. 어떤 연습이나 의식이 여러분 안에서 무언가를 말하거나 즐거움을 주거나 호기심을 불러일으킨다면, 바로 그곳에서 시작하여 무언가를 시도해 보세요. 이 책에 소개된 방법들을 연습하면서, 모든 변화의 근원이신 하느님의 축복 속에서 큰 기쁨을 누리고 창의성을 발휘하기를 바랍니다.

♪♩ 아침을 기쁘게 맞이하라: 시작은 모두 좋은 것이다

시작과 관련하여 두 문장이 머릿속에 떠오릅니다. "모든 시작은 어렵다"라는 문장과 헤르만 헤세가 쓴 "모든 시작에는 신비한 힘이 깃들어 있다"라는 문장입니다. 두 문장은 상반되는 듯합니다. 그러나 우리는 새날의 시작도 종종 체험합니다. 어떤 사람들은 아침에 알람이 울리자마자 이렇게 생각합니다. '아, 조금만 더 누워 있고 싶어. 여전히 피곤해.' 이어서 오늘 일어날 일을 생각합니다. 그러면 대개 오늘이 무거운 짐처럼 여겨집니다. 그래서 하루를 시작하는 게 힘이 듭니다.

다른 사람들은 알람이 울리자마자 즉시 잠자리에서 일어납니다. 창문을 활짝 열고 불어오는 바람과 함께 상쾌한 공기를 느낍니다. 두 팔을 벌리고 새 아침을 맞이하는 이들도 있습니다. 헤르만 헤세가 한 말을 확인할 수 있습니다. 그들은 새날에 깃든 신비한 힘을 체험하고 새로운 시작의 기회를 포착합니다. 어제 일어난 일은 중요하지 않습니다. 새로운 신뢰와 힘을 지니고 오늘로 나아갑니다. 그들은 오늘 다가올 일을 기대합니다. 동시에 이날을 혼자 걸어가는 것이 아니라 하느님의 축복이 자신과 함께함을 지각합니다.

"아침을 기쁘게 맞이하라." 이렇게 말하기는 쉬워도 실제로 행동에 옮기기는 어렵습니다. 억지로 기뻐할 수는 없습니다. 행복하기를 강요받을 수는 없습니다. 그러나 오늘 내 삶을 어떻게 이끌어 갈지는 자유로이 결정할 수 있습니다. 어떤 '안경'을 쓸지는 자신에게 달렸습니다. 선글라스를 쓰고 하루를 보낼 수 있습니다. 그러면 모든 게 칙칙하고 음울하게 보입니다. 얼마나 많은 일이 기다리고 있는지, 직장이나 가정에서 나를 짓누르는 문제만 보게 됩니다. 그러나 의식적으로 밝은 안경을 쓸 수도 있습니다. 그러면 오늘 내가 할 수 있다고 하느님이 믿으시는 일, 나에게 과제로 주신 일을 바라보게 됩니다. 그렇다고 내가 모든 것을 혼자 하지는 않습니다. 하느님의 은총과 축복이 나와 함께하기에 확신에 찰 수 있습니다. 이런 밝은 안경을 쓰고 하루를 시작하면 기분도 달라지고 내면에서 더 기쁜 마음이 샘솟을 것입니다.

긍정적인 태도로 하루를 시작하기 위한 다른 방법이 있습니다. 우리 안에는 항상 상반되는 두 가지 감정이 병존합니다. 슬픔과 기쁨, 무거움과 가벼움, 불안과 신뢰입니다. 여기서도 나는 자유롭습니다. 아침에 눈을 뜨면서 의식적으로 기쁨을 선택할 수 있습니다. 이는 부정적인 감정들을 떨치려고 애쓴다는 뜻이 아닙니다. 나는 그 감정들을 허용합니다. 그러나 기쁨을 선택할 수 있는 자유도 감지합니다. 그러면 잠자리에서 일어나 씻고 옷을 입고 아침을 먹는 시간도 즐길 수 있습니다. 크게 심호흡을 하고 삶을 선물로 여기게 됩니다.

하루를 축복과 함께 시작하라

아침에 일어나면 축복의 몸짓으로 하루를 시작해 보세요. 똑바로 서서 손을 높이 들고 성호를 그으세요. 하느님의 축복이 가족에게 흘러 들어가는 모습을 그려 보세요. 그분의 축복이 '보호 망토'처럼 가족 한 사람 한 사람을 감싸안습니다. 하느님의 축복이 오늘 당신에게 주어진 모든 시간, 모든 걸음에 함께하는 모습을 상상해 보세요.

　이제 두려움 없이 하루를 시작할 수 있습니다. 당신은 혼자가 아닙니다. 사람들과 만나고 대화를 나눌 때, 갈등을 겪을 때, 일할 때마다 하느님의 축복이 당신과 함께합니다. 이는 당신이 염려하거나 걱정하는 것들을 덜어 줍니다. 그러면 당신 안에서 기쁨이 생겨날 것입니다.

♪♩ 직면한 일을 즉시 처리하라:
"일어나 네 들것을 들고 걸어가거라"

어떤 사람들은 하루를 시작하면서 오늘 어떤 일들을 해야 할지 모릅니다. 그날 내려야 할 중요한 결정을 앞두고 망설이는 이들도 있습니다. 작은 결정을 내리는 일조차 힘들어하는 사람들을 적잖이 봅니다. 그런 사람들은 아침에 옷장 앞에 서서 어떤 옷을 입어야 할지, 다른 사람들은 이 옷을 어떻게 여길지를 궁금해합니다. 누군가의 생일에 초대받았을 때도 마찬가지입니다. 초대받은 집으로 즐겁게 가는 게 아니라 먼저 고민합니다. '어떤 옷을 입고 가지? 다른 사람들은 무슨 옷을 입고 올까? 가볍게 입을까, 아니면 정장을 입어야 하나? 이 블라우스나 이 바지는 남들이 어떻게 생각할까? 선물은 무엇을 준비하지? 이 선물이 마음에 들까? 아니면 다른 선물을 기대하고 있을까?' 이런 생각에 깊이 빠지면 생일 파티에 초대받은 것이 기쁨이 아니라 마음의 짐이 되고 맙니다.

그러한 상황에 처한 이들에게 저는 벳자타 못가에 누워 있는 병자에게 예수님이 하신 말씀을 되뇌어 보라고 권합니다. "일어나 네 들것을 들고 걸어가거라"(요한 5,8). 내가 자신감으로 가득 차 있다면, 나에게 힘이 있다면, 내가 무엇을 해야 하는지 정확히 안다면 자리에서 벌떡 일어날 것입니다. 그러나 예수님은 오랜 세월 동안 들것에 누워 지낸 병자에게 말씀하십니다. 그는 자신의 약함을 떨쳐 내고 일어서야 합니다. 이 말을 나에게 적용하면 이런 의미입니다. '골똘히 생각하는 것을 놓아 버린다.' 그것을 떨쳐 내야 합니다. 여기서 '들것'은 나에게 의심과 너무 많이 생각하는 것을 상징합니다. 나는 더 이상 무언가에 대해서 심각하게 생각하지 않습니다. 온갖 불확실함과 망설임을 떨쳐 내고 앞으로 나아갑니다. 앞에서 사례로 든 사람이라면 이제 이렇게 할 것입니다. 방금 눈에 띈 옷을 입습니다. 남들이 이 옷을 어떻게 생각하고 평가할지는 더 이상 고민하지 않습니다. 또는 나에게 어울리는 옷을 의식적으로 택하여 '나는 똑바로 서 있다'는 메시지를 줍니다. 이어서 결심합니다. '오늘 나는 내 마음에 드는 옷을 입고 하루 종일 긍정적인 분위기를 만들 거야.'

예전에는 여러 프로그램을 이끌면서 이런 생각이 자

주 들었습니다. '참가자들에게 무엇을 연습하라고 해야 할까? 그들은 어떤 것을 더 낫다고 여길까? 이 사람들에게는 무엇이 적합할까?' 그렇게 고심하는 가운데 에너지가 많이 소모되었습니다. 그러나 지금은 "일어나 네 들것을 들고 걸어가거라"라는 예수님의 말씀을 되뇌면서 강연장으로 들어갑니다. 그런 다음 방금 머릿속에 떠오른 것을 실행합니다. 그것은 언제나 좋았습니다. 참가자들은 저의 불안한 마음을 전혀 알아채지 못합니다. 오히려 제가 철저하게 준비했다고 생각하지요. 그러나 저는 예수님의 말씀을 통해 즉시 드는 감정을 더 신뢰합니다. 출판사에서 새 책을 쓰라는 요청을 받으면 종종 이런 생각이 듭니다. '지금은 책을 쓸 마음이 전혀 없어. 몇 가지 생각한 것으로는 책이 나올 수가 없지.' 이렇게 거부감이 생기면 "일어나 네 들것을 들고 걸어가거라"라는 말씀을 되뇝니다. 그런 다음 작업에 착수하면 돌연 글이 잘 풀립니다. 예수님의 말씀은 제가 느끼는 거부감을 떨쳐 내는 데 도움이 됩니다.

예수님의 이 말씀은 다른 많은 상황에서도 도움이 될 수 있습니다. 우리는 일을 할 때 종종 내가 그 일을 할 수 있는지, 일할 힘이 있는지, 문제가 생기면 해결책을 찾을 수 있을지 의혹이 듭니다. 어떤 사람들은 이때 많은 에너지를 빼앗깁니다. 자기가 그 일을 해낼 수 있을지, 너무 힘들지 않을지 골똘히 생각하기 때문입니다. 그런 상황에 직면할 때도 앞에서 본 예수님의 말씀이 도움이 될 수 있습니다. 그리하여 걱정을 내려놓고 눈앞의 일을 할 수 있게 됩니다. 우리가 직면한 일을 놓고 생각을 하면 할수록 일 처리는 더뎌집니다. "일어나 네 들것을 들고 걸어가거라." 예수님의 이 말씀은 우리가 자기 자신에게서 나오도록, 주어진 과제를 과감히 실행하도록 용기를 줍니다. 하루를 여는 아침은 물론 아주 특별한 때도 그렇습니다.

아침에 무엇인가에 대해서 깊이 생각하라

아침 식사를 하기 전에 곰곰이 생각해 보세요. '오늘은 무슨 일이 나를 기다리고 있지? 오늘 처리할 일이 뭐더라? 어떤 문제들을 해결해야 할까? 어떤 논쟁들이 기다리고 있을까?'

이어서 요한복음서 5장에 나오는 병자를 상상해 보세요. 그는 아무도 자기를 위해 시간을 내주지 않는다고, 자신을 이해해 주지 않는다고, 홀로 내버려져 있어서 못으로 내려가는 게 힘들다고 한탄합니다. 남들은 그렇게 하는 게 쉬워 보이는데 말이지요. 당신은 문제를 항상 스스로 해결해야 하고, 주변 사람들이 당신에게 늘 기대를 걸고 있으며, 모든 것을 해내는 것이 크게 부담스럽다고, 당신이 무능하다고 불평하고 싶을 겁니다. 그렇다면 이러한 생각과 탄식 속으로 예수님의 말씀을 가져가세요. "일어나 네 들 것을 들고 걸어가거라." 이 말씀을 자주 되뇌면서 마음 깊이 새기세요. 또한 예수님의 이 말씀을 오늘 당신을 기다리거나 큰 부담이 되는 상황 속으로 가져가세요. 더 가볍게 그리고 더 힘차게 하루를 시작할 수 있을 것입니다.

♪♪ 모든 감각을 열고 하루를 시작하라: 삶의 맛을 음미하라

날마다 삶이 저를 기다립니다. 새날은 그 사실을 깨달으라는 초대입니다. 여름에 저는 새벽 기도를 마치고 산책을 나갑니다. 수도원에 있는 개울을 따라 죽 이어진 가로수 길을 걸으면서 모든 감각을 열고 자연을 의식합니다. 아침의 상쾌함을 피부로 느낍니다. 아침의 냄새를 맡습니다. 아침에는 저녁과는 다른 냄새가 납니다. 계절마다 고유한 냄새와 맛이 있습니다. 저에게 냄새는 언제나 추억과 결부되어 있습니다. 건초 냄새를 맡으면 어린 시절 처음 했던 야영 생활이 떠오릅니다. 건초 냄새는 그때 느낀 자유와 드넓음을 상기시킵니다.

저는 긴 가로수 길을 걸으며 주변을 바라봅니다. 나무들, 너른 들판에서 피어오르는 안개, 태양이 지평선 위로 높이 떠오르는 모습도 바라봅니다. 이렇게 바라보면서 주변을 관찰하는 게 아니라 저를 잊습니다. 오롯이 보는 것에 몰두합니다. 고대 그리스인들은 보는 것을 신(하느님) 체험과 관련지었습니다. '하느님'을 의미하는 그리스어 '테오스*theos*'는 '보다'라는 뜻의 '테아스타이*theastai*'에서 유래했습니다. 물론 그리스인들은 신(하느님)을 직접 볼 수 없다는 것을 알고 있었습니다. 그러나 저는 보는 것 자체에서 저 자신을 잊고, 존재하는 만물 안에서 하느님의 신비를 봅니다. 초기 수도승 가운데 신비가로 알려진 에바그리우스 폰티쿠스Evagrius Fonticus는 '자연적 관조*theoria physike*'에 관해 말하는데, 이는 그에게 자연의 신비를 의미합니다. 저는 주변의 나무와 꽃들, 풍경을 바라봅니다. 모든 것 안에서 하느님의 현존을 봅니다. 그런 가운데 하느님의 아름다움, 사랑과 애정, 힘과 생기를 지각합니다.

아침에 개울을 따라 가로수 길을 걸으면서 저는 오롯이 듣는 것에도 몰두합니다. 새들의 노랫소리와 바람이 가볍게 나뭇잎을 흔드는 소리를 듣습니다. 고요에 귀를 기울입니다. 새들이 지저귀는 소리와 시냇물이 졸졸 흐르는 소리는 고요를 방해하지 않습니다. 오히려 고요에 귀 기울이게 해 줍니다. 듣는 것은 초월적 감각입니다. 저는 귀로 들을 수 없는 것을 함께 듣습니다. 그리스 철학자 피타고라스는 기원전 5세기에 이미 우주의 소리를 들었습니다. 그는 우리가 귀 기울여 들을 수 있는 '우주의 음악 Sphärenharmonie'에 관해 이야기합니다. 피타고라스가 이미 알았던 사실을 현대 물리학이 새롭게 발견했습니다. 우주가 내는 음이 곳곳에서 울려 퍼집니다. 주의 깊게 듣는 가운데 저는 듣는 것의 일부가 됩니다. 듣는 것은 안전, 보호받음으로 이끌어 준다고 현대 철학자 마르틴 하이데거 Martin Heidegger는 말합니다.

저는 모든 감각을 열고 개울을 따라서 아름다운 가로수 길을 걷습니다. 이렇게 걸음으로써 얼마나 상쾌한 기분이 드는지 체감합니다. 저는 활기를 지니고 새롭고 깊은 삶의 맛을 음미하면서 수도원으로 돌아옵니다. 내적으로 바라보는 사람이 되어 돌아옵니다. 이어서 수도원 성당에서 미사가 거행됩니다. 이때도 보는 것과 듣는 것에 몰두합니다. 그레고리오 성가를 부르면서 귀로 들을 수 없는 것을 함께 듣습니다. 하느님이 그렇게 들을 수 있게 해 주시는 것입니다. 그리고 성체를 바라보면서 창조 세계 전체가 그리스도의 현존으로 가득 차 있음을 인식합니다.

하느님의 현존에 눈을 뜨라

자연 속으로 들어가 편안한 느낌이 드는 장소를 찾으세요. 눈을 감고 얼굴을 스치는 바람을 느껴 보세요. 당신을 부드럽게 어루만지거나 세차게 불어오는 바람을 감지하세요.

이제 눈을 뜨고 주변을 바라보세요. 보이는 대상을 평가하지 말고 그냥 바라보면서 그 안에 머무세요. 그렇게 단순히 바라보면서 그 대상과 하나가 되세요. 당신이 바라보는 모든 사물 안에서 하느님의 보이지 않는 영을 본다고 상상하세요. 그분의 영이 세상 만물을 창조하셨기에 그분은 모든 것 안에 계십니다.

다시 눈을 감고 냄새에 집중해 봅니다. 무슨 냄새가 나나요? 당신 안에서 어떤 감정이 올라오나요? 어린 시절의 체험들 가운데 어떤 기억이 떠오르나요?

이제 눈을 뜨고 잠시 조용히 서 있으세요. 당신은 자연 속에서 바라봅니다. 하느님의 현존을 느낍니다. 자애로우신 하느님께서 당신을 톡톡 건드리시고 온기를 불어넣어 주십니다. 당신을 어루만져 주시고, 아름다움을 볼 수 있는 눈을 선사하십니다.

♪♪ 좋은 결심을 하고 실천하라

건강, 먹는 것, 대인 관계, 습관 등과 관련하여 많은 사람이 좋은 결심을 합니다. 특히 사순 시기에 그렇게 하지요. 그들은 더 적게 먹겠다고 결심합니다. 다른 사람들에 대해서 적게 말하고 뒷담화는 멀리하겠다고 다짐합니다. 그러나 며칠 되지 않아 결심을 지키지 못하는 것을 알아챕니다. 그러면서 자기는 실천력이 부족하고 의지가 약하다고 탓합니다. 이는 일상의 습관과도 크게 다르지 않습니다. 우리는 좋은 결심을 합니다. 그러나 그것을 지속적으로 실천하기는 어렵습니다. 그래서 낙심하고 힘이 빠지기도 합니다. 그러지 않으려면 어떻게 해야 할까요?

행동 심리학에 따르면, 내가 결심한 것을 실천하느냐 마느냐는 강한 의지가 아니라 현명함의 문제라고 합니다. 나의 결심과 관련하여 현명함은 이런 의미입니다. 내가 정말로 실현할 수 있고 또 원하는 것이 무엇인지 숙고하는 것입니다. 결심이 단지 양심의 가책을 덜기 위한 것이라면, 이는 현명하지 않습니다. 애매하거나 추상적인 결심을 하는 것 역시 그렇습니다. 결심만이 아니라 연습에 관해서도 말해야 합니다. 연습이나 훈련은 매우 구체적이어야 합니다. 사순 시기에 적게 먹겠다는 결심은 너무 추상적이어서 실패로 끝날 수밖에 없습니다. 그러나 구체적인 연습을 하겠다고 마음먹을 수 있습니다. 예컨대 저녁 식사 때 두 개 먹던 빵을 하나만 먹는다거나 샐러드나 과일만 먹겠다고 결심하는 것입니다. 이것을 일주일 동안 연습할 수 있습니다. 이 연습이 성공하면 그것을 지속할 수 있습니다. 그러나 연습이 실패로 끝나면 '또다시 그것을 해내지 못했다'며 자신을 비난해서는 안 됩니다. 자기비판은 죄책감만 일으킵니다. 양심의 가책을 받게 되면 내면의 샘에서 물을 길어 올릴 수 없습니다.

나에게서 에너지를 앗아 가는 것과 반대로 시도해야 합니다. 내가 연습하려던 것이 이루어지지 않았음을 시인하고 면밀히 살펴보아야 합니다. '왜 실패했을까? 결심이 너무 비현실적이었나? 더 신중히 결심해야 했을까? 결심에 주의를 기울이지 않았던 걸까? 다음 주에 더 집중하려면 무엇이 도움이 될까? 어떻게 목표를 이룰 수 있을까?'

제가 기술한 것은 모든 결심 내지 연습에 해당합니다. 운동선수는 때때로 자신의 훈련 프로그램을 주시하면서 본인에게 도움이 되는지 아니면 틀에 박힌 것인지 살펴야 합니다. 나아가 그것이 현실적인지도 인식해야 합니다. 구체적인 목표는 현실적입니다. 목표가 구체적일 때 그에 대한 계획을 실행할지 말지 결정할 수 있습니다. 목표를 이루기 위한 계획을 실행하지 않았다고 해서 모든 게 의미 없다는 뜻은 아닙니다. 오히려 자신을 더 살펴보고 자문해야 합니다. '내 계획을 실행하는 데 무엇이 도움이 될까? 더 작은 목표를 세워야 할까? 아니면 더 나은 동기 부여가 필요할까? 계획을 상의할 수 있는 친구에게 도움을 요청할까?' 베네딕토 성인은 수도승들에게 사순 시기에 자신이 계획한 것을 적어서 수도원장이나 영적 동반자와 상의하라고 조언했습니다. 누군가가 나의 노력을 알고 있다면 목표를 이루는 데 자극제가 됩니다. '사회적 통제'는 듣기 좋은 말이 아닙니다. 그렇지만 누군가에게 나의 목표를 말하고 이를 달성할 수 있을지 없을지를 상의하는 것은 계획을 실행하는 데 확실히 도움이 됩니다.

현명한 목표를 세우라

하루를 어떻게 시작하고 싶은지 깊이 생각해 보세요. 묵상을 하거나 아침 기도를 바치고 싶은가요? 산책을 하거나 어떤 구호를 외치면서 하루를 열고 싶은가요? 어떤 것이 현명한지 숙고해 보세요. 현실에 적합한 것, 실제적인 것, 자신이 잘 실행할 수 있는 것이면 좋습니다. 너무 힘들지 않은 것이면 그 역시 적합합니다. 당신은 아침에 무조건 일찍 일어나기를 바라지만 너무 힘들다면 그것은 바람직하지 않습니다. 무엇이 당신에게 현명한 것인지 숙고하세요. 그런 다음 당신이 결심한 것을 실천하세요.

일주일이 지나면 뒤를 돌아보세요. 결심한 바를 실천하지 못했다고 해서 자신을 비난하지는 마세요. 오히려 어째서 실패로 끝났는지 스스로 물어보세요. 그리고 다음 주를 위해 하루를 시작할 더 지혜로운 방법이 무엇인지 숙고하세요.

♪♪ 삶은 언제나 지금이다: 이 순간에 머물러라

자신을 주의 깊게 관찰해 보세요. 우리의 생각은 대개 과거나 미래에 머뭅니다. 지난날에 올바르게 처신했는지, 떠오르는 옛 상처에 매여서 골똘히 생각합니다. 또는 미래 주변을 맴돕니다. '미래는 어떻게 펼쳐질까?'

그러면 미래에 대한 불안이나 두려움이 종종 모습을 드러냅니다. '모든 것은 어떻게 될까?' 코로나 상황을 겪으며 알 수 있었듯이, 위기에 봉착한 많은 사람이 앞으로 그러한 급진적인 전환점을 또다시 맞이하게 될 것인지 생각합니다.

생각이 끊임없이 미래 언저리를 맴돌고 있다면 자신을 밖으로 불러내는 것이 좋습니다. 내일, 내년, 먼 미래에 일어날 일은 어찌할 도리가 없습니다. 따라서 그때를 생각하고 또 생각하는 것은 바람직하지 않습니다. 나는 현재를 살고 있고 이 순간 앞에 서 있습니다. 지나간 체험들(해묵은 상처, 다른 사람들과 했던 좋은 경험 등)에 여전히 매여 있다면 과거에 대해 생각하기를 멈춰야 합니다. 나는 지금을 살고 있습니다. 오롯이 현재에 머물고 눈앞의 일에 몰입하기 위해서 애씁니다.

많은 사람을 현재에 머물지 못하게 하는 것 가운데 하나는 '일'입니다. 그들은 지난날에 큰 부담이 되었던 힘든 일을 떠올립니다. 또는 앞으로 일어날 일을 짐작합니다. '상사는 내가 하는 일을 어떻게 생각할까? 내가 하는 일이 동료들에게는 어떻게 비칠까?' 그런 생각을 하다 보면 일에 실제로 몰입할 수 없게 됩니다. 남들이 나와 내가 하는 일을 어떻게 여기는지 끊임없이 골몰합니다. 그런 생각들은 일에 몰두하지 못하게 만듭니다. 베네딕토 성인에게 일은 헌신, 몰두를 의미합니다. 나는 일에 몰두합니다. 전적으로 뛰어듭니다. 그러나 일하는 것으로 남들에게 좋은 인상을 주어야 한다며 자신을 압박하지는 않습니다. 나는 일에 뛰어드는 데 자유롭습니다. 그래서 오롯이 현재에 머물 수 있습니다. 이 순간에 일은 힘들지 않습니다. 나는 자신에게 매여 있지 않고 자유롭습니다. 어떤 사람들은 일에 뛰어들면서 자신을 내려놓습니다. 또 다른 사람들은 일하면서 끊임없이 자신을 표현하고 드러내려 합니다. 그래서 공격적이고 불안한 면을 내보입니다. 그들은 현재에 머물지 않고 자신이 하는 일을 늘 앞서 판단합니다.

누군가와 대화를 잘 나누려면 대화에 집중하고 순간에 머물러야 합니다. 상대방은 내가 그 순간에 머무르는지 아닌지, 지나간 것이나 앞으로 올 것을 생각하는지 알아챕니다. 오롯이 현재에 머물러야 상대방과 진정으로 만날 수 있습니다. 그런 만남이 나를 변화시킬 수 있습니다.

요즘 많은 사람이 '집중Achtsamkeit'에 관해 이야기합니다. 집중은 오롯이 이 순간에 머무는 기술입니다. 지금 대화를 나누는 사람, 방금 떠오른 생각, 하고 있는 일에 주의를 기울이는 기술입니다. 많은 회사에서 집중에 관한 세미나를 자주 엽니다. 물론 이 세미나는 회사의 이익을 위한 것입니다. 직원들이 집중해서 일하면 회사는 더 많은 이익을 창출할 수 있습니다. 일하는 사람도 에너지를 덜 소모합니다. 집중은 번아웃을 방지하는 데도 도움이 됩니다.

한 번에 한 가지씩 행하라

일하기 전에 잠시 시간을 내어 이렇게 생각해 보세요. '나는 지금 아무것도 하지 않는다. 온전히 이 순간에 머문다. 이 순간은 내 것이다. 나는 그 안에 있다.'

일을 하거나 일터에 가서도 오롯이 이 순간에 머물기 위해서 노력합니다. 내가 이끄는 대화에, 지금 쓰는 메일에, 당장 통화하는 일에 몰두하기 위해서 애씁니다. 사람들과 대화를 나눌 때도, 메일을 쓸 때도, 전화 통화를 할 때도 자신을 압박하지 않습니다. 온전히 이 순간에 몰두합니다.

이 의식을 자주 실행해 보세요. 당신은 압박을 느끼지 않고 시간에 쫓기지 않으며 오히려 편안한 시간을 보낸다는 것을 지각할 것입니다. 이제 한 번에 한 가지 일을 하고, 어떤 일을 하면서 벌써 다른 일을 생각하지 않습니다.

♪♪ 어려운 일을 피하지 마라

많은 사람이 문제나 어려운 일을 꺼리고 피합니다. 갈등을 회피합니다. 갈등에 다가가는 것, 갈등을 마주하는 것은 언제나 괴롭습니다. 그렇지만 갈등을 쫓아내려고 애쓰는 것은 해결책이 아닙니다. 갈등은 수그러들지 않고 마음을 짓누릅니다. 갈등을 피하는 것은 지극히 당연합니다. 그렇지만 그런다고 해서 마음이 가벼워지는 건 아닙니다. 중요한 것은 어떻게 하면 우리가 갈등을 마주할 수 있느냐는 것입니다. 먼저 갈등을 개인의 문제로만 받아들이지 않아야 합니다. 갈등은 그냥 존재하는 것입니다. 갈등을 냉철하게 인지하고 자문해야 합니다. '갈등의 요인이 정확히 무엇일까?' 그런 다음 자신과 갈등을 일으키는 사람과 이야기하려고 애씁니다. 이때 선입견 없이 대화를 나누어야 합니다. 상대방의 말을 평가하지 말고 단순히 귀 기울여야 합니다. 그러고 나서 서로 다른 관심사나 목표, 원의를 어떻게 조율할 수 있을지 숙고해 봅니다. 방법을 찾기까지 시간이 오래 걸릴 수 있습니다. 그러나 방법을 찾으면 마음의 부담을 덜게 됩니다. 갈등은 지극히 당연한 것이고 풀릴 수 있다고 여기면, 두려움 없이 내적 압박을 받지 않고서 갈등에 다가갈 수 있습니다.

살다 보면 여러 힘든 상황에 직면하기 마련입니다. 가령 장성한 자녀들과 미래에 관해 이야기해야 할 때가 있습니다. 그들이 언제까지 집에서 살 것인지 또는 앞으로 얼마나 더 경제적 뒷받침을 해 주기를 바라는지에 대해서 말이지요. 그것은 불편한 주제입니다. 그러나 이를 피하면 우리 안에서 공격성이나 편견이 자라납니다. 우리는 지금 이대로가 자녀에게 편안하리라 생각합니다. 그렇지만 실제 상황을 이야기해 주면 자녀는 기뻐할지도 모릅니다. 그 문제를 놓고 심리적 압박을 받는 것은 자신뿐입니다. 우리는 자녀들이 민감하게 반응하거나 오해하지 않을까 불안해합니다. 그러나 대화를 미루면 미룰수록 마음은 더 무거워집니다. 막상 대화를 시도하면 기대 이상으로 잘 풀린다고 느낄 것입니다. 먼저 기도하면서 대화를 준비하는 것이 좋습니다. 기도는 선입견이나 걱정 또는 불안에서 벗어나게 해 줍니다.

우리가 영원히 살 수 없음을 인식할 때도 힘든 상황에 처합니다. 예를 들어 우리는 기력이 더는 예전과 같지 않음을 지각합니다. 질병이 우리를 약하게 한다는 것을 알게 되면 될 수 있는 한 병을 몰아내려고 애씁니다. 그러나 용기를 내어 의사에게 가서 어떻게 대처하면 좋을지 상담하고, 앞으로 할 일을 깊이 생각해 보는 것도 필요합니다.

중년에 이른 많은 사람이 늙고 병들어 가는 부모를 어떻게 돌보아야 할지 고심합니다. 아내는 친정 부모를 보살필 수 있을까요? 남편은 얼마나 도울 수 있을까요? 이런 문제는 대개 피하면서 어떻게 될지 두고 보려 합니다. 그렇게 하는 것이 때로는 좋을 수도 있습니다. 우리는 미래를 앞서 가지 말아야 합니다. 그러나 늙어 가는 부모를 돌볼 방법이 무엇인지 생각해 보아야 합니다. 부모와 대화도 나누어야 합니다. 이때 머뭇거리는 사람들이 많습니다. 연로한 부모와 그러한 대화를 나누기 전에도 부모를 위해 기도하는 것이 좋습니다. 그러면 호의와 배려하는 마음을 지니고 대화하기가 한결 편해집니다. 부모는 내가 하는 생각을 거부가 아닌 '도전'으로 받아들이고 자신들의 미래에 대해 깊이 생각하고 함께 이야기할 것입니다.

우리가 직면한 문제가 몹시 힘들지라도 그것을 밀어

내거나 무시하는 것은 바람직하지 않습니다. 어떤 사람들은 문제가 저절로 해결될 것이라 생각합니다. 또는 '시간이 해결해 주겠지' 하고 여깁니다. 그렇지만 항상 그렇게 되지는 않습니다. 모든 문제를 오늘 당장 해결하려고 해서는 안 되지만 머리를 땅속에 파묻어서도 안 됩니다. 오히려 문제를 주시하고 대화를 나누어야 합니다. 그런 다음 지금 행동에 옮겨야 하는지 아니면 더 기다려야 하는지 결정할 수 있습니다. 중요한 것은 힘든 문제를 직시하면서 이를 어떻게 다룰지 자유로이 결정하는 것입니다.

# 하느님의 축복 아래 두라

당신은 지금 힘든 문제에 직면해 있습니다. 그 문제를 과연 해결할 수 있을지 걱정이 앞섭니다. 당신은 어려운 대화를 나누면서 올바른 답을 찾게 될지 알 수 없습니다. 프로젝트가 성공할지 실패할지도 알지 못합니다. 이는 당신이 영향을 미치지 못하는 여러 요인에 달려 있기 때문입니다.

당신과 지금 안고 있는 힘든 문제를 하느님의 축복 아래 두세요. 하느님이 곤란한 문제에 직면한 당신을 축복해 주시고 당신에게 올바른 생각을 불어넣어 주시어 문제가 잘 풀릴 거라고 믿으세요. 어려운 일들로 인해 마음이 불안하거나 버거울 때 하느님이 당신을 축복하시고 그 일을 견디어 낼 힘을 주십니다. 더는 어떻게 해야 할지 모를 때 다음에 할 일을 알려 주실 것입니다. 하느님이 축복하시고 문제를 해결할 능력을 주실 것이라 믿으세요. 당신이 자신을 믿지 못하더라도, 하느님은 당신을 신뢰하시고 새로운 능력을 주시어 안고 있는 문제를 해결하게 해 주십니다. 문제에 마주하며 드는 불안과 두려움, 걱정을 그분의 축복 아래 두세요. 용기 있게 대처할 수 있도록 하느님이 신뢰를 선사해 주십니다.

♪♪ 할 일을 미루지 마라: 그 일이 잘되는 것을 보리라

얼마 전에 한 남성에게서 이런 내용의 편지를 받았습니다. "저는 중요한 일을 미루곤 합니다. 그러면 화가 납니다. 하지만 그 일을 하기 싫은 마음을 떨칠 수 없습니다. 일하는 것은 겁나지 않지만, 그러한 거부감의 실체가 무엇이고 어떻게 대처해야 할지 모르겠습니다."

이 편지를 쓴 사람만 그런 것은 아닙니다. 그 사람이 예외가 아닙니다. 우리 모두에게는 내키지 않은 일을 미루고 결국 해야 할 것을 알면서도 피하는 경향이 있습니다. 그렇지만 어떤 일을 미루면 미룰수록 그 일은 더 많은 힘을 행사합니다. 그러니 할 일을 미루지 말아야겠지요.

일상에서 해야 하는 일이 모두 즐거운 건 아닙니다. 어떤 사람은 책상을 정리하겠다고 또는 소득세 신고를 하겠다고 마음먹습니다. 그렇지만 더 중요한 일이 생깁니다. 겉으로는 더 중요한 것처럼 보이는 일도 있습니다. 갈등을 해결해야 하는데 '어쩌면 저절로 풀릴지도 몰라' 하는 생각이 듭니다. 하지만 해결되지 않은 일은 우리를 마비시키고 다른 일에 써야 할 에너지를 빼앗습니다. 미루는 습관으로 인해 많은 사람이 힘들어합니다.

저에게 편지를 보낸 남성에게 그 거부감에 대해서 깊이 생각해 보라고 조언했습니다. '거부감이 드는 것은 현재 직업이 나에게 맞지 않기 때문일까? 지금 나에게 이 일을 해결할 힘이 없다는 뜻일까? 아니면 나는 이 일을 오르지 못할 산처럼 여기는 것일까?' 그러고 나서 거부감과 대화를 나누는 것이 좋습니다. 현재의 직업이 자신에게 맞다는 확신이 들면, 자신의 한계를 시인하는 것이 바람직하겠지요. 그다음에 15분가량 소파나 침대에 누워 이렇게 말해 보세요. "이제 나는 아무 일도 안 할 거야." 자신에게 그것을 허용하고 나면 일을 해결할 마음이 다시 들 것입니다. 오르지 못할 산처럼 일이 너무 과도하다는 생각이 들면 나누어야 합니다. 당신은 이렇게 말할 수 있습니다. "지금부터 2시간 일한 뒤에 내가 얼마나 일했는지 보겠어. 이어서 내일 다시 일하면 돼." 그러면 알게 될 것입니다. 당신이 그 일을 해결할 수 있다는 것을 말이지요.

지금 할 일을 미루지 마라

자리에 앉아 마음을 차분히 가라앉히세요. 내면에서 들리는 말에 귀를 기울여 보세요. '최근에 내가 미룬 일은 무엇이지? 어떤 일을 해결해야 했지? 그때 무엇이 나를 가로막았을까?'

이어서 이렇게 상상해 보세요. '내가 이 일(오래전에 보내야 했던 편지 쓰기, 말하기 힘든 내용의 통화하기, 문서 작성하기 등)을 바로 끝낸다면 무엇을 느끼게 될까? 그 일이 완성되면 어떤 기분이 들까?' 일을 끝낸 뒤에 드는 날아갈 듯한 기분을 만끽하세요.

그런 다음 내면으로 들어가서 들리는 말에 귀를 기울이세요. '편지는 언제 보내면 좋을까? 전화 통화는 언제 하는 게 좋을까?' 즉시 하는 게 가장 좋겠지요. 의식은 당신 안에서 지금 그 일을 할 힘을 불러일으켜 줍니다.

♪♩ 질서를 세우라:
영혼에도 이롭다

베네딕토 성인은 '질서'를 중요하게 여깁니다. 이를 전형적인 로마식이라고 여기는 사람들도 있을 겁니다. 그렇지요. 고대 로마인들은 모든 것을 잘 정돈했습니다. 그러나 질서는 모든 것을 잘 배열하는 것 이상이라고 베네딕토 성인은 보았습니다. 성인은 하루와 일과 기도에 질서를 세움으로써 수도자들이 더 가볍게 살 수 있다고 생각했습니다. 어떤 일에 질서가 서면 불필요한 갈등을 피할 수 있습니다. 그러나 질서와 질서 잡기에 매인 것은 전혀 다릅니다. 어떤 집에 가 보면 모든 것이 완벽하게 정돈되어 있습니다. 하지만 그렇게 정리가 잘된 집은 삭막해 보입니다. 그런 집에서는 숨도 제대로 쉬기 힘든데 하물며 제대로 살 수 있을까요! 질서 잡기에 매인 사람들은 대체로 삶의 다채로움을 두려워합니다. 그들에게는 아주 사소한 것에 이르기까지 모든 것이 정돈되어 있어야 합니다. '질서 잡기에 매여 있음'이라는 표현에서 알 수 있듯이, 그 이면에는 강한 공격성이 숨어 있습니다. 그런 사람들은 다른 사람들의 삶을 힘들게 할 수도 있습니다. 반면에 질서를 전혀 세우지 않는 사람들이 있습니다. 무질서한 모습은 눈으로 직접 볼 수 있습니다. 어떤 사람들의 집은 난장판입니다. 그런 집에는 자유로이 움직이거나 제대로 숨을 쉴 만한 공간이 전혀 없습니다. 따라서 올바른 질서가 중요합니다. 이를 사막 교부들에게서 배울 수 있습니다. 교부들이 남긴 격언 가운데 이런 말이 있습니다. "질서를 유지하는 사람은 흐트러지지 않는다"(《교부들의 금언집 *Apophthegmata Patrum*》 741). 이 말이 오늘날 우리에게는 어떤 의미일까요?

외적 질서는 인간 영혼에 질서를 세워 줍니다. 하루 일정을 잘 짜는 것은 마음이 우울한 사람들에게만 중요한 게 아닙니다. 영혼이 건강하지 않다면, 영혼을 변화시키는 데 외적 질서가 도움이 됩니다. 수도승의 아버지로 불리는 안토니우스 성인은 이를 몸소 체험했습니다. "한번은 화가 나고 침울한 생각마저 든 채 광야에 앉아 있었다"라고 합니다. 우울한 기분에 잠겨 있었다고 말할 수도 있겠지요. 그는 우울함에 빠져서 절망한 채 하느님께 여쭈었습니다. "이렇게 곤경에 처했을 때 제가 무엇을 해야 합니까? 어떻게 해야 제가 구원받을 수 있습니까?" 이때 주님의 천사가 나타나 무엇을 해야 하는지 가르쳐 주었습니다.《교부들의 금언집》에 이렇게 쓰여 있습니다. "그는 즉시 자리에서 일어나 밖으로 나갔다. 그리고 자기와 닮은 사람을 보았다. 그 사람은 자리에 앉아 줄을 꼬고 있었다. 한참 후에 그는 일을 중단하고 일어나 기도하러 갔다. 이어서 다시 제자리로 돌아와 하던 일을 계속했다. 그러고 나서 자리에서 일어나 다시 기도하러 갔다. 보라! 그 사람은 주님의 천사였다. 주님께서 안토니우스에게 가르침과 확신을 주시려고 천사를 보내신 것이다. 그는 천사가 하는 말을 들었다. '그렇게 하면 구원받을 것이다.' 그는 이 말을 듣고 매우 기뻐하며 용기를 얻었다. 그리고 이를 실행하여 구원을 받았다"《교부들의 금언집》1).

    누군가가 외롭고 단조로운 상태에 있을 때 천사는 곤경에서 나올 수 있는 길을 제시합니다. 그가 질서를 세우고 기도와 일을 번갈아 하면 치유와 구원을 받을 것입니다. 외적 질서가 잘 잡히면 몸과 영혼에도 이롭습니다. 항상 일만 할 수는 없습니다. 기도만 할 수도 없습니다. 일과 기도에 완전히 몰입하기 위해서는 두 가지를 번갈아 해야 합니다. 이 말은 오늘을 사는 나에게도 적용됩니다. 하루의 외적 질서가 잘 잡혀 있으면 일의 능률도 오르고 부담감이나 스트레스에서 벗어날 수도 있습니다. 질서는 고요함과 기도 시간, 다시 크게 숨을 쉴 수 있는 자유로운 공간을 마련해 줍니다. 이제 나는 새로운 의욕을 지니고 일할 수 있습니다.

더는 변명하지 마라

일주일에 한 번은 질서 잡는 일을 하겠다고 결심하세요. 그러기 위해서 언제가 좋은 시간인지 생각해 보세요. 매주 같은 요일과 시간을 정해 놓는 게 가장 좋습니다. 그러면 변명을 늘어놓지 않게 될 것입니다.

한 시간 동안 집이나 방에서 무언가를 정리하겠다고 결심하세요. 당신의 방이나 책상을 치울 수 있습니다. 또는 일정표를 정리할 수도 있습니다. 집 전체를 정리할 수는 없습니다. 매주 조금씩 정리해 나가면 아무튼 기분이 더 좋아질 것입니다. 당신은 무질서를 산더미로 쌓아 두지 않고 매주 무언가를 처리합니다.

당신이 정해 놓은 시간에 어떻게 해야 생각을 정리할 수 있을지도 숙고해 봅니다. 무엇이 주로 당신의 생각을 지배하나요? 다른 사람들에 관해 너무 많이 생각하나요? 어느 수도승에 관해서 이런 말이 전해집니다. "어느 모임에서 돌아오면, 그는 늘 생각을 가장 먼저 정리했다." 이에 따라 당신도 일주일 내내 당신을 지배하는 생각들을 주말에 정리할 수 있습니다.

♪♪ 시간을 주도하라

많은 사람이 시간이 없다고 혹은 너무 빨리 간다고 불평합니다. 그들은 시간의 압박에 짓눌려 있습니다. 고대 그리스인들은 시간과 관련해 두 가지 단어를 사용했습니다. '크로노스chronos'와 '카이로스kairos'입니다. 크로노스는 우리를 갉아먹는 시간, 시곗바늘에 따라 움직이게 하는 시간을 의미합니다. 자신이 보내는 시간을 크로노스로 체험하는 사람이 많습니다. 반면에 카이로스는 편안한 시간을 가리킵니다. 예수님은 언제나 카이로스, 평온한 시간에 관해 말씀하십니다. 시간이 나에게 크로노스인지 카이로스인지는 자신에게 달렸습니다. 시간을 될 수 있는 한 물리쳐야 하는 적으로 여기면, 시간은 나에게 크로노스입니다.

    많은 사람이 시간을 잘 관리하는 법을 배우려고 애씁니다. '관리하다managen'는 라틴어 '마누스manus'(손)에서 유래했습니다. 이 동사는 원래 '시간을 주도하다'를 뜻합니다. 그렇지만 어떤 사람들은 시간 관리를 무조건 쟁취해야 하는 것, 사용할 시간을 얻기 위해 싸워야 하는 것으로 이해합니다. 그러나 시간은 소유할 수 없습니다. 단지 체험할 수 있을 뿐입니다. 내가 시간을 카이로스로 보아야 그렇게 할 수 있습니다. 이 순간에 몰입하면 지금이 바로 카이로스입니다. 말을 하고 글을 쓰고 누군가를 만나고 일을 하는 이 순간보다 더 중요한 것은 없습니다. 강연을 들을 때는 새로운 생각들에 즐거이 귀 기울입니다. 책을 읽을 때는 독서의 몰입을 누립니다. 책에 담긴 생각들을 수용하여 내 삶에서 무엇을 변화시켜야 할지는 깊이 생각하지 않습니다. 지금 이 책을 읽으면서 내게 유익을 주는 새로운 세계로 들어갑니다.

시간이 나에게 카이로스가 되게 하는 한 가지 방법은 지금에 몰입하는 것입니다. 다른 방법은 하루하루와 한 주를 면밀히 들여다보고 내가 시간을 어떻게 체험하는지 살펴보는 것입니다. 스스로 이렇게 물어볼 수 있습니다. '나의 하루는 어떻게 보이는가? 나는 그것에 만족하는가?'

양심의 가책을 느끼며 주간 계획을 살펴보거나 모든 것을 개선하려고 많은 결심을 해서는 안 됩니다. 오히려 시간을 다스리고 그렇게 꾸려 가겠다고 마음먹으세요. 그러면 스트레스 없이 편안하게 눈앞의 일들을 해결할 수 있게 됩니다. 주간 일정을 보면서 어떤 일이 의미 있는지, 실제로 하고 싶은 일이 무엇인지, 부담스럽고 의무로 여겨져 오래 전부터 그만두고 싶었던 일이 무엇인지 알게 될 것입니다. 깨어서 시간을 보내세요. 그래야 그 시간이 충만하고 복될 수 있습니다. 당신이 보내는 시간이 당신과 이웃에게 복을 가져다줄 수 있습니다.

실효성을 강조하는 세상에 살면서 당신이 매일 자유로운 공간을 발견하기를, 시간을 달리 체험하기를 바랍니다. 즉 하느님이 당신에게 선사하시는 시간으로, 당신이 맞이하는 순수한 '현재'로 체험하기를 기원합니다. 삶은 온전히 현재입니다. 온전히 현재에 있을 때 나는 지금 존재하는 것입니다. 그렇게 나는 단순하게 있습니다. 그러면 존재의 신비를 지각하게 되고 시간의 신비도 밝혀집니다. 시간은 언제나 거룩합니다. 이 거룩한 시간에 하느님이 나에게 역사하시고 나를 거룩하고 온전하게 만들어 주고자 하십니다.

사용하지 않은 시간을 선물로 체험하라

집에 있는 편안한 의자나 야외에 있는 벤치에 앉으세요. 마음을 가다듬은 다음 눈을 감고 이렇게 상상하세요. '시간은 흘러간다. 이전의 시간, 내가 사용한 시간은 흘러갔다. 옛 시간과 함께 나는 과거의 모든 것을 놓아 버린다.' 이어서 이렇게 그려 보세요. '이제 새로운 시간, 사용하지 않은 시간, 손대지 않은 상태의 시간이 앞에 놓여 있다.'

이 시간에 자신을 완전히 내맡기세요. 사용하지 않은 새로운 시간을 하느님의 선물로 받아들이세요. 당신이 살아가도록, 이 시간을 꾸려 가도록, 주어진 시간에 당신의 고유한 인장을 찍도록 하느님이 시간을 선물로 주십니다. 이제 이 시간은 충만하고 값지게 되고, 당신에게 그리고 당신과 함께 새로운 시간을 나눌 사람들에게 축복이 됩니다.

그러면 시간의 신비를 지각하게 될 것입니다. 시간은 결국 하나의 신비로, 우리가 조심스럽게 만질 수는 있지만 결코 이해할 수 없는 신비로 남아 있습니다.

♪♪ 서두르지 마라:
더 느긋하게, 그러나 주의 깊게 살라

일터나 가정에서 몹시 서두르는 사람들을 많이 봅니다. 이들은 결코 마음의 평안을 얻지 못합니다. 주변 사람들에게도 분주함을 퍼뜨립니다. 서두르는 사람은 흥분되어 있고 병적으로 바삐 움직이며 변덕스럽고 쫓기는 듯합니다. 독일어로 '서두르다hetzen'라는 동사는 '증오하다, 미워하다 hassen'에서 유래했습니다. 지나치게 서두르는 사람은 자기를 미워합니다. 이 대목에서 이렇게 물을 수 있습니다. "무엇이 우리를 서두르게 하는가?" 일부 사람들은 일이 많은 것을 원인으로 봅니다. 분명히 그럴 때가 있습니다. 그러나 서두름은 보통 내적 태도에서 비롯됩니다.

사람들은 모든 일을 가능한 한 빨리 끝내야 한다는 압박을 받습니다. 이러한 압박감 이면에는 직장 상사에게 능력 없는 사람으로 비칠지도 모른다는 두려움이 숨어 있습니다. 때로는 자신이 많은 일을 한다는 것을 드러내기 위해 바삐 움직이기도 합니다. 또 다른 사람들은 서두름으로써 자신이 중요한 인물임을, 직장에서 비중 있는 임무를 맡았음을 증명하려 합니다. 그렇지만 서두르는 사람들은 주변에 불안을 퍼뜨리고 공격성을 옮깁니다. 그 사람은 자신만 미워하는 게 아니라 자기와 교류하는 사람들도 미워합니다. 차분하게 일하는 사람들에게 양심의 가책을 받으라는 메시지를 던지기 때문입니다. 그는 자기처럼 서두르라며 그들을 내몹니다. 그러나 서두르는 사람과 침착한 사람의 작업 성과를 비교해 보면, 평정한 상태에서 일에 전념하는 사람이 훨씬 더 효율적이고 지속 가능하게 작업한다는 사실이 드러날 것입니다.

이렇게 물어볼 수 있습니다. "어떻게 해야 서두름을 극복할 수 있을까요? 서두르는 이들이 나를 다그치지 않게 하면서 그들을 만나는 방법은 무엇일까요?" 우리는 서두르는 사람에게 맞서 자신을 지켜야 합니다. '나는 그 사람의 서두름을 내버려둘 거야. 그 사람에게 전염되지 않겠어.' 내가 서두른다는 사실을 알아차리게 되면 그 원인을 찾아야 합니다. 분주한 가운데 내 안에서 일어나는 감정에 대해서도 알아봐야 합니다. 때때로 서두름은 본인이 살아온 삶에서 기인합니다. 어느 여성은 어린 시절에 어머니가 자신을 놀지 못하게 했다고 합니다. 어떤 일을 하라고, 집에 할 일이 많다며 놀이를 중단시킨 것이지요. 이런 까닭에 그 여성은 어른이 되어서도 평온하게 일한다는 말을 주변에서 들을 때마다 마음이 편치 않았습니다. 그래서 서두름으로써 불편한 마음을 달래려 했고, 자기는 부지런하고 열심히 일한다는 것을 다른 사람들에게 증명하고 싶어 했습니다.

지금 일어나는 감정에 주목하면 내가 일을 되도록 빨리 끝내야 한다는 압박을 받고 있음을 깨닫게 됩니다. 나는 지금 일에 몰두하는 게 아니라 다른 사람들의 기대에 따라 자신을 몰아세우고 있는 것입니다. 이렇게 서두르며 일하게 되면, 별반 성과를 내지 못할뿐더러 남들의 기대에도 부응할 수 없습니다.

내가 서두른다는 것을 알아차리자마자 나 자신을 진정시켜야 합니다. '나는 지금 일하고 있어. 한 가지 일을 끝내고 나서 그다음 일을 하자.' 이제 나는 일의 결과를 앞서 헤아리지 않습니다. 일을 언제 마칠 수 있는지도 생각하지 않습니다. 평온한 상태에서 내가 하는 일에 전념합니다. 일을 순조롭게 진행하고 알맞은 때에 마치리라고 믿습니다. 늘 시선이 일을 끝내야 할 시간에 고정되어 있으면 덤

벙거리게 되고 일이 더 신속히 진행되지도 않습니다. 서두르게 될 때는 자신의 몸에 집중하는 것도 도움이 됩니다. '나는 지금 편안히 숨을 쉬고 있다.' 심장에 손을 얹고 나에게 말합니다. '나는 온전히 나 자신으로 있다. 나는 지금 똑바로 서서 중심을 잡고 일하고 있다. 나 자신과 타인의 기대는 내려놓는다.' 예컨대 직장에서 화장실에 가거나 다른 사무실에 갈 때 의식해서 천천히 걸어가는 것도 도움이 될 수 있습니다. 천천히 걷는 가운데 나는 자신에게 이릅니다. '나는 외부의 힘에 떠밀리지 않는다. 나의 길을 간다.' 이렇게 하여 내가 하는 일을 평가하려는 다른 사람들에게 시선을 두지 않고 주도적으로 일을 해 나갈 수 있습니다.

걷기가 일상의 훈련이 된다

일상의 단순한 행위가 의식이 될 수 있습니다. 이달에는 짧은 거리를 걷는 것을 연습해 보세요. 우편함으로 가는 것, 일터로 가는 것, 화장실에 가는 것도 훈련이 됩니다. 대체로 우리는 걷는 것을 전혀 의식하지 않습니다. 우리는 될 수 있는 한 빨리 우편함으로 갑니다. 직장에서도 신속히 부서장 사무실로 갑니다.

그렇지만 의식적으로 천천히 걸으면 이렇게 단순히 걷는 것도 훈련이자 의식이 됩니다. 차분히 걸어감으로써 내 삶의 속도가 늦춰집니다. 그런 가운데 나 자신에게 이릅니다. 나는 내 옆에 도달합니다. 느리게 걸으면서 내 안에서 일어나는 일을 인지합니다. 나라는 존재의 본질을 인식합니다. 나는 늘 길 위에 있습니다. 그저 서 있을 수는 없습니다. 내적 길을 계속 걸어가야 합니다. 이렇게 걷는 가운데 수많은 근심에서 벗어날 수 있습니다. 걸어가면서 정신을 산란하게 하는 수많은 상념과 온갖 걱정거리를 놓아 버립니다. 단순히 걸어갑니다. 저는 이렇게 천천히 걷는 것을 좋아하고 걸으면서 온전히 나 자신으로 있음을 즐깁니다. 외적 목표에 도달하려고 걷는 게 아닙니다. 내 옆에 이르기 위해서 걷는 것입니다. 걷는 것은 결국 내가 언제나 하느님을 향해 간다는 사실도 상기시킵니다. 나는 늘 하느님을 향한 여정에 있습니다. 그것을 인식하면 지금 주변을 맴돌고 있는 문제들을 객관화할 수 있습니다.

♪♪ 때로는 "아니요"라고 말하라: 명료함을 선사한다

"저는 '아니요'라는 말을 못합니다. 그래서 일이 머리 위로 쌓여 가지요. 모두 저에게 무언가를 바랍니다. 일이 너무 많아요. 그럼에도 거절하기가 어렵습니다." 이렇게 하소연하는 말을 자주 듣습니다.

    사람들은 대개 상대방에게 상처 주고 싶지 않아서 "아니요"라고 말하지 못한다고 합니다. 그러나 다른 이유가 있는지 재차 물어보면 일부 사람들은 이렇게 고백합니다. 다른 사람들이 자기를 더 이상 좋아하지 않을까 봐, 자기에게 다시는 부탁하지 않을까 봐, 더는 자기를 필요로 하지 않을까 봐 두렵다고요. 거부당할까 두려워하는 것입니다. 이때는 그러한 이유를 의식하는 것이 좋습니다. 그것들은 나의 곤궁함을 가리킵니다. 나는 될 수 있는 한 많은 사람에게서 사랑받고 인정받고 싶습니다. 이런 욕구를 인정하면 객관적으로 볼 수 있습니다. 모든 사람에게서 사랑받을 수는 없다는 사실을 깨닫게 될 테니까요. 모두에게 인정받을 수는 없습니다.

"아니요"라고 말하기가 늘 쉽지 않음을 저도 겪어 봐서 압니다. 그러나 제 감정에 주목하는 법을 배웠습니다. 누군가가 전화로 어떤 일을 요청할 때 거기에 응할 마음이 생기지 않거나 제 안에서 무언가가 막는다는 느낌이 들면 "아니요"라고 말하기가 더 쉽습니다. 반면에 어떤 문의나 부탁에 응할 마음이 들면 기꺼이 "예"라고 말합니다. 그러나 상대방의 요청을 들으면서 마음속에서 공격성이 감지되거나 과도하게 요구받는다는 느낌이 들면 "아니요"라고 말할 수도 있습니다. 감정에 귀를 기울이기 위해서는 "예" 또는 "아니요"를 즉각 말하지 않는 것이 도움이 됩니다. 저는 상대방의 요청을 듣고 이렇게 말합니다. "그것이 가능한지 먼저 제 일정을 살펴보고 내일 답변드리겠습니다." 그러면 제 감정에 귀 기울일 시간을 얻게 됩니다. '나는 정말 그곳에 가서 강연을 하고 싶은가? 진정 이 대화를 원하는가? 아니면 거부감이 드는가?' 이렇게 살펴본 뒤에는 마음이 평온한 상태에서 "아니요"라고 말할 수 있습니다.

예전에는 저도 부탁을 받고 "아니요"라고 말하면 상대방이 실망할까 봐 마음이 무거웠습니다. 그러나 시간이 지나면서 거절도 상대방과의 관계를 명확히 할 수 있음을 깨달았습니다. 사람들은 대체로 거절을 수용합니다. 그러나 상대방에게 공격적으로 대응해서는 안 됩니다. 오히려 나에게 요청해 주어서 기뻤다고 말할 수 있습니다. 하지만 유감스럽게도 그러지 못합니다. 이유를 대지도 못합니다. 그러면 상대방이 내가 댄 이유에 관해 묻거나 따지려 들지도 모른다며 압박받을 테니까요.

"아니요"라고 못해서 "예"라고 말하면, 이는 실제로 자유로이 응답한 "예"가 아닙니다. 상대방도 내 표정에서 이를 알아챕니다. 그러면 나는 상대방의 부탁을 마음을 다해 들어줄 수 없습니다. "아니요"라고 말할 자유가 있어야 참으로 "예"라고 말할 수 있습니다. 이제 "예"는 진정한 "예"이고 복을 가져올 것입니다.

내면의 소리에 귀 기울이라

누군가가 당신에게 무언가를 부탁할 때 다음과 같은 의식을 실행해 보세요. 내면의 소리에 귀 기울이세요. 어떤 감정들이 일어납니까? 그 청을 들어주는 게 기쁜가요? 상대방의 부탁은 당신이 성장할 수 있는 도전인가요? 아니면 거부감이 드나요? 그 부탁은 당신이 먼저 세워 놓은 계획들을 방해하나요? 그렇다면 그것을 기꺼이 들어줄 수 없음을 인정하세요. 그러나 당신의 감정을 절대시해서도 안 됩니다.

상대방의 마음속으로 들어가 보세요. '부탁을 들어주는 것이 그에게 진짜 도움이 될까? 정말 내 도움이 필요할까? 내가 그를 실제로 도와줄 수 있을까?' 그러면 이런 이유들이 주저하는 당신의 마음을 바꾸어 놓을 수도 있습니다. '내 계획을 포기하기는 어려워. 그렇지만 나는 이 사람의 부탁을 들어주는 게 더 중요해.'

스스로에게 물어보세요 '상대방이 나를 지나치게 의지하는가? 지금 이 상태가 편안하니 문제를 스스로 해결하지 않고 차라리 희생자 역할에 머물고 싶어 하는가?' 이때 드는 감정도 진지하게 받아들이세요. 당신이 "아니요"라고 말하면 분명 상대방은 실망하겠지요. 그러나 이 거절은 상대방에게 스스로 행동하고 자기 문제를 직접 해결하게 하는 도전이 될 수도 있습니다.

🎵 몰입을 체험하라: 지금 하는 일에 전념하라

헝가리 출신의 심리학자인 미하일 칙센트미하일Mihály Csík–szentmihályi은 '몰입Flow'이라는 표상을 강조했습니다. 몰입하는 사람은 동시에 행복을 체험한다고 그는 말합니다. 몰입하는 사람에게는 자기 자신과 지금 하는 일이 하나를 이룹니다. 그에게 일은 낯선 것이 아닙니다. 자신을 짓누르는 짐도 아닙니다. 누군가가 자기 일에 전념하고 지금 하는 일에 몰입하면 그 일은 그를 기쁘게 합니다. 몰입은 주의를 기울이고 혼신을 다하여 일할 때 일어납니다. 그다음에는 모든 게 저절로 흘러가는 듯합니다. 지금 하는 일에 전념할 때마다 내면에는 무한한 에너지가 흐릅니다. 그 일에 완전히 몰두하면서 내 안에서 창조적 에너지가 솟아나는 것을 느낍니다. 피곤함조차 잊습니다. 지금 하는 일에 푹 빠지는 것이지요.

일할 때만 몰입할 수 있는 건 아닙니다. 우리가 행하

는 모든 것에서 몰입할 수 있습니다. 즐기면서도, 놀이하면서도 몰입할 수 있습니다. 아무것도 하지 않고 쉴 때도 마찬가지입니다. 몰입은 삶의 원리이며 힘들이지 않고 에너지가 흐르게 하는 일종의 운동입니다.

우리가 이렇게 현대적 시각으로 이해하는 것을 영적 전통의 빛으로 바라보면, 몰입은 신비가들이 헌신(전념, 희생)이라고 표현하는 것에 상응합니다. 헌신 역시 일상에 영향을 미칩니다. 베네딕토 성인은 기도와 일을 연결합니다. 기도하면서 우리는 하느님께 헌신하기(자신을 내드리기)를 연습합니다. 성인에게 일에 전념하는 것은 기도 안에서 하느님께 자신을 내드리는 것의 연속입니다. 전념(헌신)하는 가운데 자아Ego에서 벗어나기 때문입니다. 우리는 지금 하는 일에 완전히 집중합니다. 말만 들으면 쉬운 것 같지요. 그렇지만 많은 사람이 일을 하면서 남들이 자기 일을 어떻게 평가할까 궁금해합니다. 또는 모든 일을 될 수 있는 한 빨리 끝내야 한다는 압박을 받습니다. 그렇게 늘 시간에 대해 생각합니다. 이는 그들이 일에 전념하지 못하게 가로막습니다. 또는 모든 것을 가능한 한 완벽히 해내야 한다는 강박에 시달립니다. 이러한 부수적인 생각은 우리를 일에서 떼놓고 소진되도록 이끕니다. 단순히 일에 뛰어들고 전념할 때 우리 안에서 에너지가 흐릅니다. 우리는 일을 무거운 짐이 아닌 즐거움으로 체험할 수 있습니다.

칙센트미하일은 일하면서 몰입하기 위한 둘째 조건을 제시합니다. 번갈아 하는 것입니다. 이는 우리가 보내는 하루와 하는 일을 명확한 리듬에 따라 구성해야 한다고 말한 고대 수도승들의 지혜에 상응합니다. 일하면서 무한히 몰입할 수는 없습니다. 일과 휴식 사이에는, 또는 베네딕토 성인이 기술하듯 일과 기도 사이에는 명확한 리듬이 필요합니다. 헌신(전념)과 리듬, 이 둘은 우리가 일하면서 몰입 상태에 이르기 위해서, 에너지가 자연스럽게 흐르게 하기 위해서 필요한 조건입니다. 그럴 때 우리는 기쁨을 맛볼 수 있습니다.

단순한 일도 특별해진다

단순한 일을 찾아보세요. 예를 들어 작은 텃밭의 잡초를 뽑거나 방을 청소하는 일, 또는 직장에서 통상적으로 하는 일도 해당됩니다. 이제 이러한 단순한 일에 전념하기 위해 애쓰세요. 그 일이 지금 의미가 있고 없고는 따지지 마세요. 특히 그 일을 빨리 또는 완벽히 해내야 한다며 스스로를 압박하지 마세요. 자신을 잊고 단순히 지금 하는 일에 몰두하세요. 마음속으로 이렇게 말해 보세요. '지금 이렇게 잡초를 뽑는 일보다 더 중요하고 멋진 일은 없어.' '지금 내 방을 치우는 것보다 더 중요한 일은 없어.' '바로 지금 이렇게 일상적으로 하는 일이 가장 중요해.'

그 일을 마치면 잠시 멈추어 서세요. 그리고 내면으로 들어가 이렇게 감지해 보세요. '나는 이제 깊은 평화를 느끼는가? 묵상할 때처럼 그 일에 임했는가? 늘 나를 드러내려는 자아에서 벗어나 자유로워졌는가?' 이제 일을 마쳤으니 잠시 조용히 있으면서 온전히 이 순간에 몰두하는 것을 즐기세요.

♪ 신선한 공기를 마시며 심호흡하라

코로나 위기 동안 많은 사람이 너무 오랫동안 집에 머물러야 했고 신선한 공기를 마실 수 없어서 힘들어했습니다. 그들은 단순히 산책하고 깨끗한 공기를 마시며 호흡하고 싶은 욕구를 느꼈습니다. 우리는 날마다 맑은 공기를 마시는 것이 건강에 좋다는 사실을 알고 있습니다. 히포크라테스와 갈렌Galen 같은 고대 그리스 의사들은 건강한 삶의 기술에 관해 이야기하면서 '빛과 공기'가 건강의 본질적 요소임을 인식했습니다.

오늘날에는 고유한 광선 요법(치료)이 개발되었습니다. 현대인이 신선한 공기를 너무 적게 마시기 때문입니다. 우리가 산책하면서 쬐는 자연의 빛은 그러한 광선 요법을 필요 없게 만들 것입니다. 빛은 우울한 기분을 몰아낼 수 있습니다. 빛은 기분을 밝게 해 줍니다. 신선한 공기도 이롭습니다. 산뜻한 공기를 마시며 심호흡을 할 수 있습니다.

사람들로 붐비는 도심에서 걷는 것과 인간의 발길이 닿지 않은 자연에서 아름다운 경치를 바라보며 걷는 것은 분명 다릅니다. 모든 지역은 고유한 공기를 뿜어냅니다. 예를 들어 바다 공기는 특히 호흡하기 힘든 이들에게 효과가 큽니다. 산에서 우리는 깨끗한 공기를 마시며 기쁨을 누릴 수 있습니다. 마음도 드넓어집니다. 우리는 이렇게 오염되지 않은 맑은 공기를 마시며 숨 쉬는 것이 이롭다고 느낍니다. 숲에서 마시는 공기 역시 고유한 특성을 지닙니다. 의사들은 오늘날 그 치유 효과를 새롭게 발견했습니다.

그러나 우리가 제대로 숨 쉬지 않으면 자연의 신선한 공기는 아무런 도움이 되지 않습니다. 이 신선한 공기를 의식적으로 들이마시고 그 산뜻함을 누려야 합니다. 자연 속을 걸으면서 단순히 한번 멈춰 서서 호흡에 주의를 기울이는 것만으로도 좋습니다.

숨을 내쉬면서 내가 마신 탁한 공기만이 아니라 부정적인 생각, 걱정과 두려움도 함께 내보낸다고 상상합니다. 숨을 들이쉬면서는 자연 속에 감도는 하느님의 영을 들인다고 상상할 수 있습니다. 나는 사랑을 들이마십니다. 페르시아 시인 루미Rumi는 숨을 하느님 사랑의 향기라고 묘사합니다. 나는 숨을 쉬면서 자연의 신선함을 감지합니다. 자연으로부터 나를 향해 흐르는 사랑도 느낍니다. 의식적으로 호흡하면서 나를 에워싸고 있는 자연과 하나가 됩니다. 나는 자연의 일부고 자연과 결속되어 있으며 자연 속에서 보호받고 있음을 깨닫습니다. 그리고 숨을 쉬면서 치유하는 샘에서 흘러나오는 물을 마신다고 느낍니다. 이는 나를 생기 있게 하고 굳세게 해 줍니다. 나를 새롭게 하고 유익을 줍니다.

받아들이기와 내려놓기

자리에 편안히 앉으세요. 눈을 감고 호흡에 주의를 기울이세요. 특별한 호흡법은 필요하지 않습니다. 들이마신 숨이 저절로 올라오면 조용히 숨을 내쉬세요. 숨쉬기를 '받아들이기'와 '내려놓기'와 연결 지어 보세요.

    숨을 내쉬면서 이렇게 상상합니다. '나는 내 안에 있는 모든 것을 있는 그대로 받아들인다. 나의 과거, 현재, 생각과 감정을 받아들인다. 그것들에 맞서 싸우지 않는다. 숨을 내쉬면서 내가 안

고 있는 두려움과 불안, 걱정거리, 나를 옥죄는 생각들도 모두 내려놓는다.'

    숨을 들이쉬면서 당신은 '새로워지기'와 '하나가 되기' 두 단어를 말할 수 있습니다. 숨을 들이쉬면서 신선하고 새로운 공기가 흘러 들어와 당신 안에 있는 모든 것을 정화해 준다고 상상하세요. 하느님의 영이 당신 안으로 흘러 들어온다고 상상할 수도 있습니다. 하느님의 영은 모든 것을 새롭게 만듭니다. 숨을 들이쉬면서 주변 세계와 피조물과 하나가 된다고 상상하세요. 창조주 하느님과 그리고 당신 자신과도 하나가 됩니다.

    이 네 가지 표상을 떠올리면서 15분 동안 천천히 호흡하세요. 큰 소리로 그 단어들을 말하지 않아도 됩니다. 상상만으로도 분명 당신에게 이로울 것입니다.

🎵 반대 체험도 중요하다: 여가를 계획하라

쉬는 시간, 고요한 시간은 우리에게 유익합니다. 이 시간은 생기와 새 힘을 선사합니다. 우리는 이 시간을 우연에 내맡길 것이 아니라 다양한 방식으로 찾고 또 의미 있게 보낼 수 있습니다.

주말에 영성 강좌에 참석하거나 오랫동안 머물기 위해 수도원에 오는 사람들은 이 시간을 자신에게 의식적으로 허용합니다. 그들은 가족을 떠나 지금 이곳에 왔고, 이것이 모두에게 도움이 된다고 여깁니다. 그들은 수도원에서 새로워지고 격려를 받으며 새 힘을 얻어 가족에게 돌아갑니다. 개인 피정을 하려고 시간을 내는 사람들도 있습니다. 어떤 사람들은 1년에 한두 번 정도 수도원에서 그러한 휴식을 취합니다.

며칠이나 몇 주 동안 일상을 멈추는 여유가 누구에게나 허락되지는 않을 겁니다. 그러나 우리 가운데 대다수가 자신에게 허용하는 휴가 역시 일종의 여가입니다. 이때 휴가를 여러 활동으로 채우지 않도록 주의해야 합니다. 독일어로 '휴가Urlaub'는 '허락하다erlauben'에서 유래했습니다. 휴가는 내 영혼에 유익을 주는 일을 행하도록 나에게 허락하는 것입니다. 그러면 쉼과 고요함이 얼마나 이로운지 알게 될 것입니다.

휴가나 수도원에서 보내는 여가 외에도 날마다 작은 여유를 가질 수 있습니다. 예컨대 저는 아침에 그리스도 이콘 앞에 앉아서 몇 분 동안 시간을 보냅니다. 이때 저는 단순히 그리스도를 바라보고 그분이 저를 바라보게 하시는 것 외에는 아무것도 하지 않음을 즐길 수 있습니다. 또는 날마다 작은 휴식을 저에게 허용합니다. 일하는 중에도 의식적으로 소소하게 쉴 수 있습니다. 때로는 단지 1분뿐일 수도 있습니다. 중요한 것은 외적인 데서 눈을 돌려 내면을 향하고, 내 안의 고요한 공간에 이르기 위해 애쓰는 것입니다. 이 내면의 공간에서 이렇게 생각합니다. '나를 에워싸고 있는 소음은 이 고요한 공간으로 들어올 수 없다.' 외부에서 받는 기대들도 그곳으로 들어갈 수 없습니다. 그곳은 내면의 피난처입니다. 저는 일상의 문제들에서 벗어나 이 피난처로 들어갑니다. 그곳에서 내적으로 쇄신되고 생기를 얻어 다시 일상으로 돌아오기 위해서입니다. 많은 사람이 바쁜 일상에서 영혼 깊은 곳의 고요한 공간을 느낄 수 없다고 말합니다. 그러나 우리에게 도전으로 다가오는 문제들을 넘어서 내면에 고요한 공간이 있다는 상상만으로 이미 그 문제들은 객관화됩니다. 그러한 상상은 감정을 변화시킵니다. 우리는 내적으로 평정심과 자유, 생기를 느낍니다.

  그러한 체험을 할 수 있는 '오아시스'는 어떤 것일까요? 일상 한가운데서 여유를 가지기 위한 중요한 오아시스는 주말입니다. 그런데 많은 사람이 주말까지 여러 활동으로 가득 채웁니다. 그러니 몸과 마음이 회복될 수 없습니다. 주말을 보내는 방식은 날씨와 계절, 가족의 상황이나 개인의 필요에 따라 달라집니다. 이는 시간이 지나면서도 바뀝니다. 주말을 계속 그렇게 보내는 것이 나에게 적합한지 숙고해 볼 필요가 있습니다. '내 영혼은 무엇을 갈망하는가? 내 몸은 무엇을 필요로 하는가?' 주일은 고대 유다인이 지닌 안식일의 특성을 어느 정도 지녀야 합니다. 하느님은 인간에게 안식일을 선사하시어 이날 인간이 쉬게 하셨습니다. 여가와 쉼은 고대 그리스인에게도 거룩한 시간이었습니다. 자유로운 사람은 여가를 즐깁니다. 그의 정신은 삶의 본질, 종교와 철학과 예술에 열려 있습니다. 주일에 성당에 가는 것도 여가를 즐기는 기술을 익히는 한 가지 방법입니다. 미사는 숨을 쉴 수 있는 공간을 열어 줍니다. 미사에 참례한 이들은 주중에 들이마셨던 탁한 공기를 내보내고 하느님의 영을 새로이 들이마십니다. 그리하여 영혼이 다시 생기를 얻습니다.

주일에는 축제가 열립니다. 어떤 사람들은 이날을 야외 활동이나 나들이를 계획할 수 있는 자유 시간으로만 여깁니다. 그러나 축제를 즐기는 가운데 우리가 지금 보내는 시간 속으로 영원이 들어옵니다. 이때 우리는 삶의 뿌리와 접촉할 수 있습니다. 거룩한 시간, 본래의 시간에 함께합니다. 종교사의 관점에서 보면, 사람들에게 축제는 시간을 본래 상태로 되돌리는 일이었습니다. 축제는 우리 삶에 색을 입히며 일상생활에 반대되는 체험을 가능하게 합니다. 우리 영혼을 열어 신적 생명의 샘에서 생기를 얻게 합니다.

오직 이 순간만이 중요하다

일하는 중에 잠시 시간을 내 보세요. 의자에 편안히 앉아 호흡에 주의를 기울이세요. 숨을 내쉬면서 당신을 괴롭히거나 부담스럽게 하는 모든 것을 놓아 버리는 모습을 상상하세요. 당신의 생각, 불안, 종종 받는 압박을 내보내세요. 숨을 들이쉬면서 새로운 에너지가 당신 안으로 흘러 들어오는 모습을 그려 보세요. 성령이 당신 내면으로 들어오게 하세요.

이제 당신은 생기를 얻고 새로워졌다고 느낍니다. 당신이 지금 하는 일과 나중에 하고 싶은 일을 생각하지 마세요. 그저 자리에 앉아서 숨을 쉬세요. 바로 지금, 자리에 앉아 숨을 쉬는 것, 자신을 느끼는 것, 자유를 느끼는 것보다 중요한 일은 아무것도 없습니다. 지금 당신은 어떤 기대도 충족할 필요가 없습니다. 누구에게 자신을 변호할 필요도 없습니다. 그저 그대로 있으면 됩니다. 당신은 '순수하게 존재함'을 체험합니다. 이제 당신은 자유로움을 느끼고, 단순히 그대로 있으며, 자신과 조화를 이룹니다. 이 체험을 토대로 당신은 앞에 놓여 있는 일에 다시 전념할 수 있습니다.

♪♪ 피곤이 밀려오면 초대로 받아들이라

피곤하다는 것은 기력을 소진했음을 나타냅니다. 늘 긴장하고 사느라 기진맥진한 사람들이 있습니다. 그런 사람들은 삶에 지쳐 있습니다. 그러나 기분 좋은 고단함도 있습니다. 이는 열심히 일하고 나서 얻은 열매입니다. 그것은 하소연할 이유가 아니라 쉬어도 좋다는 허락입니다. 이때는 피곤을 떨치려 애쓰지 말고 받아들여야 합니다. 충분히 쉬고 몸과 마음을 회복하라는, 지금 나에게 필요한 것을 행하라는 초대입니다. 이를테면 여가를 보내거나 잠을 잘 수도 있고 음악을 듣거나 자연을 산책할 수도 있습니다. 이때 '나는 해도 된다, 해서는 안 된다' 같은 생각이 들 수 있습니다.

수도원에서 운영하는 피정센터에 머무는 이들과 깊은 대화를 나누고 방으로 돌아오면 보통 피곤합니다. 이 피로를 떨치려고 책을 읽거나 글은 쓰는 것은 도움이 되지 않습니다. 저는 이 피로를 받아들입니다. 침대에 15분간 누워 피곤의 무게를 즐깁니다. 그리고 나에게 이렇게 말합니다. '지금 나는 아무것도 할 필요가 없어. 이렇게 피곤한 상태로 그저 누워 있어도 돼.' 그러고 나서 알람이 울리면 다시 생기를 얻어 일어납니다. 이제는 다시 무언가를 행할, 가령 책을 읽거나 글을 쓰겠다는 의욕이 생깁니다.

피로를 계속 무시하는 사람은 만성이 되기 쉽습니다. 몸은 우리가 무엇을 해야 하는지 전달합니다. 유쾌한 피곤도 있습니다. 휴가를 보내면서도 이런 체험을 할 수 있습니다. 숲길이나 들길을 오랜 시간 걸은 뒤에 숙소로 돌아오면 기분 좋은 고단함을 느낍니다. 샤워하고 침대에 누워 산책 후의 노곤함을 즐길 수도 있습니다. 그런 다음 한자리에 앉아 적포도주를 곁들인 맛있는 식사를 하면서 즐거운 저녁 시간을 보냅니다.

다른 유형의 피로도 있습니다. 어떤 사람들은 계속 똑같은 문제들을 듣는 데에 지쳤다고 합니다. 또는 직장에서 많은 것을 제안해 보아도 분위기가 좀처럼 나아지지 않아서 힘이 빠진다고 합니다. 제 경우에는 피정센터에 머무는 이들과 대화를 나누다 보면 이따금 피곤해집니다. 예전에는 늘 잠이 부족해서 그렇다고 생각했습니다. 그러나 조별 모임에서 이를 이야기하면서, 상대방이 자신을 실제로 움직이는 것이 무엇인지 말하지 않고 핵심을 비켜 가며 다른 말을 할 때 대개 피곤이 밀려든다는 사실을 알게 되었습니다. 그렇다면 피곤함은 참된 것, 본질적인 것을 이야기하라는 권유입니다. 우리가 회의를 하면서 지친다면 이는 중요하지 않은 것에 관해 이야기하고 있다는 신호일 때가 많습니다. 피곤함은 무언가가 맞지 않는다는 것을 알려 줄 수 있습니다. 그렇다면 지금 무엇이 문제인지, 실제로 중요한 게 무엇인지 깊이 생각해 보세요.

그러므로 피곤과 끊임없이 싸우기보다는 그것을 스승이나 친구로 맞이하는 것이 좋습니다. 피로는 몸과 마음을 회복하라는 초대이자, 중요하지 않은 것과는 결별하고 소중한 것을 생각하고 실행에 옮기라는 도전입니다.

피곤을 즐기라

일을 마치고 집에 돌아오면 15분간 침대에 누워 보세요. 그동안 방해받지 않도록 알람을 맞춰 놓으세요. 하던 일을 내려놓으세요. 사람들에게 받는 기대도 내려놓으세요. 지금은 당신에게만 주어진 이 시간을 누리세요. 피로의 무게를 즐기세요. 당신은 든든하게 떠받쳐지고 있다고 느낍니다.

이렇게 상상해 보세요. '지금 나는 아무것도 할 필요가 없다. 나는 단순히 여기에 있다.' 그러고 나서 당신은 자신을 느낍니다. 지금 당신의 컨디션이 좋아야 할 필요는 없습니다. 피곤을 즐겨도 됩니다. 알람이 울리면 크게 기지개를 켜고 (바라건대) 다시 생기를 얻어 일어날 수 있습니다.

이제 당신은 가정에서 당신에게 바라는 것을 행할 의욕이 생깁니다. 자녀들과 놀아 주거나 배우자와 대화를 나눌 수 있고, 집에서 해야 할 일들을 할 수도 있습니다. 또는 음악회나 영화관에 갈 마음이 들 수도 있습니다.

♪♪ 단순하고 건강하게 식사를 즐기라

근사한 레스토랑에서 가족이나 친구, 지인들과 함께 식사하는 것은 기쁨과 즐거움을 줍니다. 우리는 메뉴판을 보면서 눈에 띄거나 먹고 싶은 음식을 고릅니다. 그리고 맥주나 포도주를 곁들이며 저녁 시간을 즐깁니다. 이렇게 좋은 음식과 포도주는 좋은 대화를 나눌 때도 동반됩니다.

그러나 매일 나가서 특별한 음식을 먹을 수는 없습니다. 일상의 식사도 있습니다. 독일어로 '식사Mahl'는 라틴어 '의사medicus'와 어원이 같습니다. 이에 비추어 보면 식사에는 언제나 치유의 성격이 있습니다. 식사는 의사처럼 몸과 영혼을 위한 것일 수 있습니다. 그런데 많은 사람이 더는 식사 시간을 가지지 않고 그저 배부르게 하는 시간만 보냅니다. 그런 사람들은 허기를 채우려고 많이 먹습니다. 그러나 과식하면 먹는 것을 즐길 수 없습니다. 모든 문화권에서는 함께 식사하는 것을 중요하게 여깁니다. 고대 그리스인은 보통 '심포지엄'(향연, 주연)에서 철학적 사고를 펼쳤는데, 이 단어는 원래 '함께하는 식사'를 의미합니다. 그리스 철학에 정통한 루카 복음사가는 예수님이 다양한 이들과 식사하셨다고 전합니다. 예수님은 세리와 죄인들과 함께 식탁에 앉으셨지만, 바리사이들과도 식사하셨지요. 제자들과 마지막 만찬을 나누실 때는 늘 당신을 기억하여 이 예식(성찬례)을 행하라고 이르셨습니다. 우리는 미사에 참례하여 빵과 포도주의 형상 안에서 예수님의 사랑을 받을 수 있습니다. 그리스도교 전통에 따르면, 예수님이 죽음보다 강한 사랑의 징표로 세우신 성찬례(성체성사)는 일상의 식사에 새로운 빛을 비추어 주었습니다. 우리는 매일 하는 식사에서 하느님이 주시는 음식을 먹으며 그분의 사랑을 체험합니다.

 일상의 식사는 잘 차린 음식이 아니라 식사 문화로 그 가치가 결정됩니다. 예수님은 빵과 포도주를 당신의 사랑을 맛보게 하는 상징으로 여기셨습니다. 따라서 준비한 음식을 의식적으로 감사하게 먹고 즐길 때 음식은 더욱 맛을 냅니다. 그리스도교 전통에 따라 우리는 단식합니다. 단식은 빵 한 조각이나 사과 한 알처럼 단순히 먹을 것을 새로운 방식으로 즐기도록 감각을 열어 줍니다. 단식하지 않고 간단한 식사를 할 수도 있습니다. 그러나 먹고 마실 때는 음식에 주목해야 합니다. 지금 먹는 것이 무엇이고 무슨 맛이 나는지 실제로 느껴야 합니다. 맛을 보는 것은 황홀한 일치의 체험으로 이끌 수도 있습니다. 특히 중세의 여성 신비가들이 이를 경험했습니다. 그들은 '하느님의 달콤함dulcedo'에 관해 이야기하는데, 먹고 마실 때도 그것을 향유했습니다. 프랑스 작가 마르셀 프루스트Marcel Proust는 과자를 먹으며 겪은 일종의 신비 체험을 이야기합니다. "마들렌의 달콤한 맛을 느끼면서 차를 한 모금 마시는 순간, 나는 너무나 놀라 전율했다. 내 안에서 일어난 기이한 무언가가 나를 사로잡은 듯했다. 마치 저절로 생겨난 듯한, 이유를 알 수 없는 행복감이 밀려들었다." 이 강렬한 체험이 그의 삶을 바꾸어 놓았습니다. 그는 이어서 이렇게 썼습니다. "나는 내가 평범하고 우연적이며 결국 죽을 수밖에 없는 유한한 존재라는 생각을 접었다." 무언가를 먹을 때 누구나 그런 강렬한 체험을 할 수는 없을 겁니다. 그러나 마르셀 프루스트가 위와 같이 기술한 것은 우리가 맛을 음미하는 데에 주의를 기울이도록 이끌려는 것입니다. 그러면 우리도 언젠가 불현듯 피조물과 자기 자신 그리고 하느님이 하나 됨을 느낄 수 있습니다. 단순한 식사도 삶의 축제가 되고 기쁨을 선사하며 자신이 사랑받은 존재임을 깨닫는 체험이 될 수 있습니다.

의식적으로 음미하고 맛보라

혼자서 식사한다면 식탁을 꾸미고 식사 전 기도를 바친 뒤에 음식을 먹기 시작하세요. 하느님의 축복이 음식에 내립니다. 기도는 하느님이 주시는 음식을 누리도록 마음을 열어 줍니다. 아주 천천히 의식적으로 음식을 씹으면서 그 맛을 즐기세요. 그렇게 맛을 음미하는 데 주의를 기울이세요. 여러 가지 맛을 즐기는 것은 당신에게 무슨 감정을 불러일으키나요? 기분이 어떤가요?

가족과 함께 식사한다면 이렇게 해 보자고 제안할 수도 있습니다. 식사 전 기도를 바친 뒤에 10-15분 동안 모두 조용히 식사합니다. 각자 먹는 것에 집중하면서 맛을 음미하려고 애씁니다. 그 시간이 지나면 서로 대화를 나눕니다. 무엇을 맛보았는지, 어떤 맛이 났는지, 그 맛이 어떤 감정을 불러일으켰는지 이야기할 수 있습니다. 물론 이런 의식을 매번 행할 수는 없겠지요. 하지만 가족이 의식적으로 식사하기 위해 이따금 실행하는 것은 분명히 좋을 것입니다.

♪♪ 가끔은 게을러도 괜찮다:
균형을 이루게 해 준다

많은 사람이 '게으름'을 욕설로 여깁니다. 우리는 아무것도 하지 않는 사람들, 빈둥거리며 지내는 사람들을 비판합니다. 그러나 틈틈이 의식적으로 아무것도 하지 않는 것은 긍정적인 효과를 낼 수 있습니다. 낭만주의 시대에 일부 철학자들과 시인들은 속물적인 생활 태도와 반대되는 이미지로 게으름을 예찬했습니다. 아이헨도르프Eichendorff는 자기 작품의 주인공으로 '빈둥빈둥 노는 사람'을 그렸는데, 음악과 시에 대한 그의 사랑은 일하는 시민사회에 제시된 행동 양식과 대조를 이룹니다. 낭만주의자들은 계몽된 시민사회에서 근면함을 과대평가하는 것에 반기를 듭니다. 현대사회에서 우리도 일의 성과와 노력을 과대평가할 위험이 있지 않은가요? 오늘날에도 균형을 이루어야 합니다. 이는 자신에게 때로는 게을러도 된다고 허락하는 것일 수 있습니다.

저에게는 게으름과 근면함은 반대가 아닙니다. 저는 일상에서 이렇게 합니다. 제가 이끈 대화를 마친 뒤나 2시간 글을 쓴 뒤에는 15분간 침대에 누워 있습니다. 저에게 게으름을 허락합니다. 이제 정말로 게으름을 부려도 됩니다. 아무것도 할 필요가 없고 아무것도 제시하지 않아도 됩니다. 이렇게 피로의 무게를 즐길 뿐만 아니라, 지금은 게을러도 된다고 허락함으로써 주어지는 자유도 누립니다. 그런 다음 침대에서 일어나면 글을 쓰거나 일할 의욕이 생깁니다. 이런 방식으로 저는 다시 균형을 이룰 수 있습니다.

독일어로 '게으른faul'이라는 말에는 물론 부정적인 면도 담겨 있습니다. '게으름 피우다faulen'는 본래 '부패하다', '썩다'를 의미합니다. 몸을 전혀 움직이지 않는 게으름뱅이들도 분명히 있지요. 그들의 영혼도 나태하여 생기를 잃었습니다. 우리는 근면함과 게으름이 균형을 이루게 해야 합니다. 고대 그리스 사상가들의 지혜를 연구한 현대 철학자 요제프 피퍼Josef Pieper는 그리스인들의 철학하기와 근대 이마누엘 칸트Immanuel Kant의 철학하기를 구분합니다. 칸트는 철학하기를 '몹시 힘든 작업'이라고 여긴 반면, 고대 그리스인들은 여가에 관해 이야기합니다. 그들은 여가를 즐기면서 멈추고 중요한 깨달음을 얻습니다. 많은 깨달음이 저절로 생겨나며 우리에게 주어집니다. 이러한 내적 태도는 오늘날 우리에게도 필요합니다. 정신 분석가이자 심리학자인 융C. G. Jung은 곰곰이 생각해도 해결되지 않는 문제가 있다는 관점에서 출발합니다. 때로는 단순히 문제가 풀리도록 내버려두어야 합니다. 그러면 유익한 생각들에 마음이 열리게 됩니다. 머리를 쥐어짜도 결코 떠오르지 않던 해결책이 생각날 수 있습니다. 따라서 이때도 올바른 균형 잡기가 필요합니다. 베네딕토 성인은 행하는 것과 행하지 않는 것, 근면함과 게으름, 일과 휴식, 의무와 자유 사이에 균형을 잡으라고 거듭 이야기합니다. 균형을 이루면 우리는 본분에 맞게 살며 건강한 삶을 영위할 수 있습니다.

강박에서 벗어나 감정을 믿어라

휴가 때나 주말에 가끔은 정말로 게으름을 부려 보세요. 오늘 할 수 있는 한 많은 것을 경험해야 한다거나, 자유의 날이나 휴가를 활용해야 한다는 강박에서 벗어나세요. 그냥 게으름을 부리고 빈둥거려 보세요.

그렇게 앉아 있는 게 지루하다면 내면을 탐색해 보세요. '지금 나는 무엇을 하고 싶은가?' 무엇이 건강에 유익한지, 무엇이 의미 있는 일인지 따위는 생각하지 마세요. 단순히 감정을 믿으세요. 안락의자에 더 오랫동안 앉아 있거나 해먹에 누워 당신의 생각과 꿈을 따라가세요. 지금 당신은 어떤 문제를 해결하거나 삶에 대해 새로운 생각을 펼칠 필요가 없습니다. 영혼이 당신에게 유익한 생각과 꿈을 불러일으켜 줄 것을 신뢰하세요.

♪♪ 휴식은 몸과 영혼에 유익하다

"쓰지 않으면 녹이 슨다Wer rastet, der rostet." 쉼 없이 전진하는 것이 동력임을 강조하는 슬로건입니다. 그렇게 앞으로 나아가라는 겁니다. 이 슬로건에 따르면 쉬지 않고 끊임없이 가동되는 기계가 이상적입니다. 하지만 인간은 그렇지 않습니다. 인간에게는 숨을 쉬고 긴장을 푸는 휴식이 필요합니다. 쉼은 관상 행위입니다. 쉼은 전체를 인식하고 이해할 수 있게 합니다. 성경은 하느님이 엿새 동안 세상을 창조하셨다고 전합니다. 그러나 일곱째 날에는 쉬셨습니다. 그분은 일을 마치고 쉬셨습니다. 쉼을 통해 비로소 일이 완성됩니다. "그분께서는 하시던 일을 모두 마치시고 이렛날에 쉬셨다"(창세 2,2). 이 말씀은 무엇을 의미할까요?

저에게 이 말씀은 다음과 같은 의미로 다가옵니다. 일은 그것을 벗어나 쉴 때 비로소 완성됩니다. 계속 일을 하면 그 일은 미완성으로 남습니다. 쉼은 일을 완성하고 완전하게 하는 과정에 속합니다.

쉬지 않고 일하는 사람들이 있습니다. 그들은 끊임없이 일만 합니다. 점심시간에도 제대로 쉬는 법이 없습니다. 이메일에 답하면서 샌드위치를 먹습니다. 또는 '회의를 겸한 점심 식사power lunch'를 하면서 동료들과 계속 일하거나 어떤 문제를 놓고 상의합니다. 따로 시간을 내어 그 문제를 다룰 수 없다고 여기기 때문입니다.

그렇지만 휴식은 무언가 다른 것입니다. 독일어 '쉼Pause'에 해당하는 그리스어 '아나파우소anapauso'는 '중단하다, 심호흡하다'를 의미합니다. 방금 하던 일을 멈춥니다. 내적으로 심호흡하기 위해서입니다. 하던 일을 잠시 내려놓습니다. 더 효율적으로 일하기 위해서입니다. 뇌 연구가들은 쉼이 얼마나 중요한지 인식했습니다. 쉬고 나면 뇌의 활동이 활발해집니다. 뇌가 다시 창의적으로 무언가를 연결합니다. 쉬지 않고 일하는 사람들은 더 많은 일을 할 수 있다고 생각합니다. 그러나 정반대의 결과가 나옵니다. 그들이 하는 일은 창의성을 잃습니다. 저에게는 글을 쓰면서도 틈틈이 쉬는 것이 중요합니다. 주일 오후에 3시간 동안 글을 써야 한다면, 90분 뒤에 15분가량 침대에 눕습니다. 아무것도 하지 않고 아무것도 생각하지 않습니다. 쉬고 나서 무엇을 쓸 수 있을지 헤아리지도 않습니다. 그러나 때로는 새로운 영감이 저절로 떠오르기도 합니다. 그렇게 다시 컴퓨터 앞에 앉아 창의적으로 계속 글을 씁니다. 저는 충분한 휴식도 누립니다. 예컨대 휴가 때는 써야 할 원고를 챙겨 가지 않습니다. 때로는 창의성이 고갈되었다고 느낍니다. 이럴 때는 도서관에 가서 흥미로운 책을 골라 읽습니다. 그리하여 다시 새롭게 글을 쓸 수 있게 됩니다.

어떤 상황에 있든, 날마다 일터로 간다면 휴식 시간을 '거룩하게' 보내야 합니다. 우리는 주어진 시간을 보내면서 자신과 접촉할 수 있고 일상을 다시 하느님 앞에서 의식적으로 보낼 수 있습니다. '거룩한 시간'을 보내는 것은 당장 기도해야 한다는 뜻이 아닙니다. 단순히 이 자리에 있는 것, 그리고 우리가 하느님 앞에 앉아 있거나 누워 있다고 상상하는 것으로 족합니다. 그러면 자신이 든든하게 지탱되고 있음을 느끼고, 더 많은 의욕을 지니고 다시 일할 수 있습니다. 집에서 일할 때도 자신에게 휴식을 주어야 합니다. 집안일은 해도 해도 끝이 없다며 하소연하는 주부들이 있습니다. 당연히 집에는 항상 할 일이 있지요. 그러나 바로 이 때문에 거룩한 시간을 보내고 자신에게 쉼을 허락하는 것이 중요합니다. 쉬면서 자신을 느낄 수 있습니다. 이 시간을 누리고 나면, 단지 이 순간만 유익한 게 아닙니다. 우리는 다시 크게 숨을 쉬고 새로운 활력을 얻어 일에 전념하게 됩니다.

당신이 이룬 일을 즐기라

직장이나 가정에서 어떤 일을 마쳤다면, 이제 자신에게 휴식을 주세요. 쉬면서 다음 문장을 음미해 보세요. "하느님께서는 하시던 일을 마치시고 쉬셨다." 당신이 한 일을 돌아보며 그 일이 끝났고 잘 이루어졌음을 즐기세요. 하느님은 하시던 일을 마치시고, 손수 만드신 모든 것을 보며 참 좋다고 여기셨습니다. 당신이 하는 일을 하느님의 눈으로 바라보세요. 그 일에 대해서 비판하거나 어쩌면 더 잘할 수도 있었을 거라며 고민하지도 마세요. 스스로에게 이렇게 말하세요. '그 일은 이루어진 그대로 좋다.' 당신이 해낸 일에 감사하는 마음을 지니세요. 그러면 당신이 하느님 가까이 있음을 느낄 것입니다. 우리가 하는 일은 하느님의 창조 사업에 동참하는 것입니다. 당신은 쉬면서 자신의 존엄성을 알게 됩니다.

♪♪ 칭찬은 나에게도 타인에게도 이롭다

칭찬은 세상을 변화시킬 수도, 자기 자신을 바꿀 수도 있습니다. 세상을 다른 빛으로 보게 하기 때문입니다. 칭찬은 영혼에 생기를 줍니다. 무엇보다 사람들이 서로 교류하는 가운데 칭찬이 기적을 일으킬 수 있습니다. 감정이 메마른 사람들은 이렇게 말합니다. "욕하지 않은 것만으로도 칭찬은 충분하다." 칭찬과 아첨을 혼동해서는 안 됩니다. 우리는 주변에서 인정받을 때 기분이 좋아집니다. 꾸짖기만 하는 곳, 모든 것을 당연하게 여기거나 비난만 하는 곳에서는 기분이 좋을 수 없습니다. 심리학자들은 '5 대 1 원칙'을 제시합니다. 이에 따르면 상대방에게 한 가지를 비난하면 다섯 가지 다정한 언행이 필요합니다. 그래야 그 사람이 다시 균형을 잡을 수 있다는 것입니다. 이와 달리 칭찬은 근본적으로 사람을 굳세게 합니다. 칭찬은 몸과 영혼에 긍정적으로 작용합니다. 칭찬받는 사람들은 기뻐하고 활짝 피어납니다. 내가 그런 호의를 품고 다른 사람에게 다가가면 나 자신에게도 좋은 영향을 미칩니다. 성경도 이런 메시지를 줍니다. "칭찬하는 사람만이 실제로 살아 있다."

독일어로 '칭찬하다loben'는 '믿다glauben', '사랑하다 lieben', '좋은liob' 같은 단어와 어원이 같습니다. 이에 따라 '칭찬하다'는 '누군가에게 좋은 것을 말하다'를 뜻합니다. 칭찬할 때는 칭찬받는 사람이 주체로서 중심에 서 있습니다. "너는 잘 해냈어." "너는 아름다워." "너에게서 좋은 기운이 나와." 칭찬할 때는 나를 보지 않습니다. 오롯이 상대방을 바라봅니다. 말은 현실을 창조합니다. 칭찬은 결국 말로 표현되는 사랑입니다. 내가 선한 것에 이름을 붙일 때 그 선함은 힘이 더 세집니다.

경영 세미나에서는 상사가 직원들을 칭찬해야 한다고 자주 강조합니다. 그렇지만 칭찬이 수단으로 쓰이는 경우가 빈번합니다. 직원들은 이를 알아챕니다. '상사가 또 세미나에 다녀왔구나.' 이제 상사는 2주 동안 직원들을 칭찬합니다. 그렇지만 속성으로 배운 칭찬은 효과가 없고 오용되기 쉽습니다. 칭찬은 특정한 목적을 꾀하지 않습니다. 나는 상대방을 칭찬하면서 나를 바라보지 않습니다. 칭찬함으로써 노리고 싶은 효과도 주시하지 않습니다. 오히려 오롯이 상대방 옆에 있으면서 그에게서 보는 것을 말해 줍니다. 칭찬은 진실에 부합할 때만 효과가 있습니다. 진정성, 사실성을 지녀야 합니다. 그리고 상대방이 누구인지, 상대방이 나와 공동체에 어떤 의미를 지니는지 인지하는 능력을 요구합니다.

상대방이 내가 하는 칭찬에 감사할 때 나는 상대방과 일치함을 느낍니다. 우리는 서로에게 감사하는 가운데 함께 있음을 압니다. 결국 모든 선은 하느님에게서 온다는 사실을 깨닫습니다. 그러나 하느님의 은총을 받는 사람에게도 감사하다고 말하는 것이 좋습니다.

누군가에게서 받는 칭찬에 감사할 때 나는 그 칭찬을 즐길 수 있습니다. 한편 내가 실수를 저지르고 약점이 있는 사람이라는 사실도 압니다. 내가 칭찬과 자신의 한계를 인지한다는 것을 수용할 때 자기 자신을 현실적으로 바라볼 수 있습니다. 칭찬을 거부하면 이는 나에게 선사된 모든 은총을 받아들이지 않는 것입니다. 그러므로 칭찬을 수용하는 것은 언제나 나 자신을 받아들이는 것이고 하느님께서 내 손에 주신 모든 선물을 감사하게 누리는 것입니다. 칭찬을 받고 기뻐하는 사람은 자신을 칭찬하는 사람도 기쁘게 합니다.

영적 동반을 할 때도 칭찬이 중요합니다. 물론 이때의 칭찬은 다른 의미를 지니고 다른 맛을 냅니다. 칭찬한다는 것은 선한 것을 말한다는 뜻입니다. 저는 상대방에게서 보는 선한 것을 말해 줍니다. "당신에게서 좋은 기운이 나옵니다. 당신은 살아오면서 이미 많은 것을 이루었습니다. 당신은 자신에게 맞는 것이 무엇인지 잘 알고 있습니다. 당신은 자신의 직감을 신뢰할 수 있습니다. 당신에게 이로운 게 무엇인지 당신의 영혼은 압니다." 이러한 말은 상대방 안에 있는 선한 것을 보면서 건네는 것입니다. 이런 맥락에서 칭찬입니다. 전형적인 칭찬이 아니더라도 말입니다.

진심으로 칭찬하라

더 나은 리더가 되려고 칭찬하는 법을 배우거나 그런 목적으로 칭찬을 활용할 때, 그런 칭찬은 종종 인위적으로 느껴집니다. 칭찬을 의식으로 실천하면서 특정한 경험과 결부하는 것이 더 좋습니다.

　당신이 무언가에 대해 기뻐할 때마다 그 기쁨을 준 대상에게 이렇게 말해 보세요. "나는 기뻐." "너는 내게 기쁨을 주었어." 누군가가 행한 일에 대해 감탄할 때마다 이렇게 표현해 보세요. "너는 그 일을 잘 해냈어." "네가 해서 그 일이 잘됐어." 당신이 선한 것을 말할 때 상대방 안에 있는 선한 것도 불러일으킵니다. 칭찬은 누군가가 자신의 내면에 숨어 있고 종종 간과하는 능력과 교류하게 합니다. 따라서 칭찬은 언제나 치유하는 효과도 냅니다.

🎵 당신이 어떻게 평가하는지 주목하라

우리는 원하든 원하지 않든 무언가를 끊임없이 평가합니다. 자기 자신을 평가하고, 자신이 하는 생각과 말과 행동도 평가합니다. 누군가를 만나도 곧바로 내면에서 상대방에 대한 판단이 올라옵니다. 어떤 사람들은 직업상 끊임없이 누군가를 평가할 수밖에 없습니다. 경영자는 직원들을 평가해야 하고 교사는 학생들을 평가해야 합니다. 하루만이라도 평가하기를 멈출 수 있을까요?

그러나 분명한 점도 있습니다. 우리는 내면에서 올라오는 판단을 되도록 빨리 내려놓는 법을 배울 수 있습니다. 그것이 어떻게 가능한지를 세 가지 영역에서 기술해 보겠습니다. 곧 자기 자신에 관한 평가, 다른 사람에 관한 평가, 직업상의 평가입니다.

우리는 자기 행동과 태도를 이렇게 평가합니다. '너는 그 일을 잘 해내지 못했어. 그때 그렇게 처신하는 게 아니었는데…' 그러나 이런 생각이 들면 자신에게 이렇게 말합니다. '괜찮아. 그럴 수도 있지.' 그러고 나서 그것들을 하느님께 내보입니다. 하느님은 나의 행동과 태도를 축복으로 바꾸어 주십니다. 우리는 자신이 하는 말도 평가하기 일쑤입니다. '그렇게 말하지 말았어야지. 현명하지 못했어.' 이때도 우리가 할 일은 단순히 놓아 주는 것입니다. 그렇게 해도 됩니다. 나는 완벽할 필요가 없습니다. 그럼에도 불구하고 내가 하는 말이 다른 사람들을 위한 축복이 되게 해 주십사고 하느님께 청합니다. 가장 어려운 일은 자기 생각과 감정을 평가하지 않는 것입니다. 두려움이 생기면 우리는 즉시 자신을 이렇게 평가합니다. '나는 약하고 아파. 두려워하는 것은 좋지 않아.' 그럴 때는 나에게 이렇게 말합니다. '두려워해도 돼. 그렇게 생각해도 괜찮아.' 이제 나는 두려움을 내려놓습니다. 불안과 두려움, 슬픔과 분노를 받아들여야 이런 감정들을 놓을 수 있습니다. 이런 감정들은 내 안에서 거듭거듭 모습을 드러낼 겁니다. 나는 무의식적으로 나 자신을 평가합니다. 그러나 그렇게 평가하는 것도 내려놓습니다. 그것은 바람직하지 않습니다. 나는 나입니다. 그럴 수도 있지요. 그러고 나서야 내 안에서 어떤 변화가 일어날 수 있는지 숙고할 수 있습니다.

우리는 다른 사람들과 그들의 태도를 보자마자 이미 평가하기 시작합니다. 그런 버릇을 끊을 수 없습니다. 한편 평가하는 것은 긍정적인 면도 지니고 있습니다. 즉시 평가함으로써 우리는 상대방을 신중한 태도로 대하고 그에게 마음을 열 수 있습니다. 그렇지만 평가하는 것은 즉시 내려놓아야 합니다. 나에게는 상대방을 평가할 권한이 없습니다. 나는 그 사람을 전혀 알지 못합니다. 그가 왜 그렇게 행동하는지 모릅니다. 그 사람은 있는 그대로 존재해도 됩니다. 내 안에서 상대방에 대한 부정적인 생각들이 감지되면 자신에게 이렇게 말합니다. '나에게는 그 사람을 평가할 권리가 없어.' 물론 예수님이 하신 말씀도 떠올립니다. "남을 심판하지 마라. 그래야 너희도 심판받지 않는다"(마태 7,1). 이어서 나에게 말합니다. '나도 완벽하지 않아. 그러니 그 사람도 있는 그대로 존재해도 돼.'

　교사는 학생들의 성취도와 행동을 평가해야 하고, 직장에서 상사는 직원들의 성과를 평가할 수밖에 없습니다. 이는 사실입니다. 그러나 다음과 같이 분별하는 것이 중요합니다. 나는 업무의 성과와 태도를 평가하는 것이지, 사람을 평가하는 게 아닙니다. 나에게는 사람을, 학생이나 직원을 평가할 권한이 없습니다. 모든 인간은 신비입니다. 나는 그 사람이 살아온 역사를 알지 못합니다. 그 사람의 태도를 평가하더라도, 이 유일무이한 사람을 소중히 여기고 그의 존엄성을 존중한다고 자신에게 거듭 말해야 합니다.

하루 종일 평가하지 않고 지낼 수는 없지만 의식적으로 주의를 기울일 수는 있습니다. 자신이 평가한다는 것을 알아차리면, 그것을 즉시 놓아 버릴 수 있습니다. 그러면 자기 자신과 주변 사람들에 대한 시각이 달라질 것입니다.

판단을 내려놓고 있는 그대로 받아들이라

자리에 앉아 자기 자신에게 물어보세요. '나는 나의 몸, 건강, 외모, 정신, 지성, 능력, 인간적 성숙을 어떻게 평가하는가? 머릿속에서 떠오르는 생각들을 어떻게 평가하는가? 나 자신을 과소평가하고 깎아내리는가? 아니면 다른 사람들을 무시하면서 생각 속에서 그들 위에 군림하는가?'

편안한 마음으로 당신이 그 모든 것을 평가한다는 것을 인정하세요. 그런 다음 이렇게 평가하기를 내려놓고 당신의 몸, 외모, 능력에 대해서, 있는 그대로 자신에게 천천히 "예" 하고 말하세요. 자신을 있는 그대로 받아들이세요.

이어서 당신의 삶, 인간적 발전을 위해 어디로 가고 싶은지 그려 보세요. 하느님께 당신이 이렇게 바라는 것을 내보이면서 당신의 여정을 동반해 주시기를, 당신의 꿈을 이룰 수 있도록 도와주시기를 청하세요.

화내지 마라: 절대 그럴 필요 없다

흔히 이렇게 말합니다. "나는 화가 난다." 그러니까 화가 난 사람은 나입니다. 화가 난다면 책임은 자신에게 있습니다. 구약성경에 나오는 철학자 코헬렛도 유사한 관점으로 어느 대목에서 이렇게 말합니다. '네 마음에서 고통(화)을 떨쳐 버려라'(코헬 11,10). 이에 따라 그는 우리가 화를 피할 수 있다고 생각합니다. 다른 대목에서는 이렇게 말합니다. "마음속으로 성급하게 화내지 마라. 화는 어리석은 자들의 품에 자리 잡는다"(코헬 7,9). 코헬렛에 따르면, 사람들에게 화를 내는 것은 자신이 어리석은 자임을 드러내는 것입니다. 코헬렛이 화에 관해서 한 말은 다음과 같은 의미로 받아들일 수도 있습니다. 자기 자신과 다른 사람들을 알고 이해한다면 화날 이유가 없다는 것입니다. 고대 수도승 에바그리우스 폰티쿠스(345-399)도 그렇게 생각하면서 다음과 같이 기술합니다. "기도할 때 종종 네가 화내는 것을 정당화하는 생각들이 떠오를 것이다. 그렇지만 동료들에게 화를 내는 것은 매우 부당하다. 네가 노력만 한다면 화내지 않고도 문제를 해결할 수 있다. 분노가 폭발하는 것을 피하기 위해 모든 조처를 강구하라"(《기도에 관하여》, 24).

    코헬렛과 에바그리우스의 말이 오늘날 우리에게는 지극히 이성적으로 들립니다. 우리가 화를 내거나 다른 사람들이 우리를 화나게 하는 일은 계속 일어나니까요. 에바그리우스 자신도 때때로 화가 치미는 경험을 했습니다. 하지만 그는 이렇게 생각합니다. 우리는 내면에서 화가 나는 그 자체가 아니라, 화를 어떻게 다루는지에 대해서만 책임이 있다고요. 어떤 경우에도 '분노의 폭발'을 허용하지 말라고 합니다. 문제는 화를 어떻게 다루느냐 하는 것입니다. 하루 종일 혼자 중얼거리며 화에 빠져들 수도 있습니다. 이는 우리 자신에게 해가 됩니다. 이와 달리 화를 주시하면서 원인을 물을 수 있습니다. 그러면 화와 거리를 두고 대응할 수 있게 됩니다. 이따금 화는 우리로 하여금 더 적정한 경계를 설정하라는 자극이 됩니다. 상대방이 내가 그어 놓은 경계를 넘을 때 그 사람에게 화가 납니다. 그 사람에게 이 경계를 넘어서게 한 나에게도 화가 납니다. 이럴 때는 내 안에서 올라오는 화를 상대방과 더 적정한 거리를 두고 그 사람에게서 나를 지키라는 초대로 받아들일 수 있습니다. 그러면 더는 화낼 필요가 없습니다. 이따금 화는 무언가를 더 잘 해결하게 하는 기회가 될 수도 있습니다. 예전에 수도원의 재정 관리자로 일했던 시절에 일이 잘 풀리지 않으면 때때로 화가 났습니다. 그럴 때 온종일 화에 사로잡혀 돌아다닐 수 있습니다. 그러나 화를 일이 잘못된 원인을 알라는 자극으로 받아들일 수 있습니다. 또는 그 일과 관련된 이들을 초대하여 대화를 나누면서 더 나은 해결책을 찾을 수 있습니다.

  화를 무조건 피할 수는 없습니다. 그러나 분노가 나를 지배하는 것은 막을 수 있습니다. 화는 감정입니다. 내 안에서 화가 올라오는 것은 어쩔 수 없지만, 화에 어떻게 대응할지는 내가 결정할 일입니다. 분노를 적절히 다루면 화내지 않게 됩니다. 오히려 더 적정한 경계를 설정하거나 일을 더 잘 처리하게 하는 외부의 자극으로 받아들일 수 있습니다.

타인의 약점을 거울로 삼으라

타인의 어떤 약점이 당신을 자극하거나 화나게 하는지 곰곰이 생각해 보세요. 그 약점들을 거울로 삼아 자신을 성찰해 보세요. '그 사람의 행동에 왜 이렇게 화가 날까? 나도 그 사람처럼 처신하는 경향이 있을까? 그렇지만 나는 그렇게 행동하지 않기로 했어. 그 사람에게 화나는 것은 내가 자신에게 금한 태도로 그 사람이 살기 때문이야. 내가 그런 태도를 금하는 까닭은 내가 배운 것과 다르기 때문일까? 그렇게 처신하는 것이 내게 이롭지 않다고 확신하기 때문일까? 아니면 그 사람의 약점이 나를 괴롭혀서 짜증이 나는 걸까? 예를 들면 그 사람이 잘 씻지 않아서 나는 역겨운 냄새가 불쾌해서?'

다른 사람들의 태도에서 자신을 비추어 볼 거울을 발견하게 되면 당신의 본모습, 억압된 행동 방식과 욕구들을 하느님께 내보이고 그분의 사랑이 그 안으로 흘러들도록 청하세요. 만약 상대방의 행동, 곧 냄새나 소음, 성마름이 당신의 한계를 넘어서 걸림돌이 된다면 마음을 진정시키며 상대방과 내적으로 거리를 두고 중심을 잡도록 애쓰세요. 그러면 상대방의 태도가 더는 당신을 자극하지 않을 것입니다.

♪♪ 밖으로 나가 숲을 산책하라

제가 사는 수도원 근처에는 크고 울창한 숲이 있습니다. 예전에는 주일 오후마다 그곳을 산책했습니다. 저는 휴가 때도 호젓한 숲길을 따라 걷는 것을 좋아합니다. 숲이 드리우는 짙은 그늘 때문만이 아니라 숲의 고유한 분위기 때문입니다. 숲에서 저는 보호받는다고 느낍니다. 때때로 '동화 속 숲'도 떠올립니다. 숲은 매혹적이고 신비로운 무언가를 품고 있습니다.

오늘날 사람들은 삼림욕이 건강한 삶에 긍정적인 영향을 미친다고 칭송합니다. 사람들이 몸과 영혼을 이롭게 하는 곳으로 숲을 새롭게 발견하는 것이 기쁩니다. 그러나 무언가를 가져다주는 것만 가치 있다고 여기는 경향에는 화가 납니다. 숲속을 걸으면 무언가를 얻어야 합니다. 건강에 이로운 어떤 물질이 몸속으로 침투하는지 정확히 설명해 줄 수 있어야 합니다.

저는 단순히 의식적으로 숲속을 거니는 것으로 충분합니다. 침엽수림은 활엽수림과는 다른 냄새를 풍깁니다. 숲에서는 계절마다 다른 냄새가 납니다. 저는 오로지 숲을 바라보고 빛의 향연에 감탄합니다. 햇살이 쏟아지며 나뭇잎들은 제각기 고유한 빛을 내며 반짝입니다. 특히 인상 깊은 나무 앞에 이르면 멈추어 서지 않을 수 없습니다. 나무처럼 저도 깊이 뿌리내리고 싶습니다. 외부에서 폭풍우가 들이닥치더라도 굴하지 않고 우뚝 서 있기 위해서입니다. 때로는 굵은 나무뿌리가 숲길 위로 뻗은 모습을 보고 경탄합니다. 나무뿌리가 바위를 휘감고 있기도 합니다. 저는 그저 멈추어 서서 그 경이로운 모습을 바라봅니다.

나뭇잎들이 바람에 흔들리는 소리도 듣습니다. 그 신비로운 소리는 이따금 원하는 대로 부는 영(성령)을 떠올리게 합니다. 이때도 저는 그저 멈추어 서 있습니다. 그것은 더 이상 말로 설명할 수 없는 깊은 하느님 체험과도 같습니다. 저는 계절마다 새들의 지저귐을 듣습니다. 딱따구리가 뾰족한 부리로 나무를 쪼는 소리, 뻐꾸기가 우는 소리도 들립니다. 숲은 인간만의 고향이 아닙니다. 새들도 이곳을 집처럼 여깁니다. 이곳에 깃들여 사는 많은 동물, 군락을 이룬 꽃과 나무에게도 숲은 고향입니다.

숲을 치유의 장소로 체험하기 위해서 의학이나 심리학 지식은 필요하지 않습니다. 단순히 숲길을 따라 걷고 자주 멈추어 서서 바라보고 냄새 맡고 듣는 것으로 충분합니다. 그러면 숲을 나에게 유익을 주는 놀라운 곳, 내 영혼과 몸을 치유하는 신비로운 곳으로 체험할 수 있습니다.

자연 속 벤치에 앉아 보라

풍경이 아름다운 벤치에 앉아 주변 경관을 바라보세요. 눈앞에 펼쳐진 초원이나 당신을 둘러싸고 있는 숲을 바라보세요. 이제 하느님이 당신의 영으로 자연을 휘감고 계신다고 상상해 보세요. 하느님은 식물들이 잘 자라도록, 동물들이 먹을 것을 충분히 구하도록, 인간이 자연 속에서 보호받고 있음을 느끼도록 돌보십니다. 이어서 자연이 당신을 떠받치고 있다고 상상하세요. 어머니가 그러하듯 자연은 평가하지 않습니다. 당신은 있는 그대로 존재해도 됩니다.

자연 전체를 휘감고 있는 하느님의 영이 당신 안에도 있다고 상상해 보세요. 당신은 그분의 영 안에서 자연 전체와 연결되어 있습니다. 당신은 자연, 돌, 식물, 동물, 별, 태양과 동일한 물질로 빚어졌습니다. 이를 의식하면 전 창조 세계와 하나임을 느낄 수 있습니다. 이런 일체감, 결속감은 사랑을 나타냅니다. 그것은 결국 하느님의 사랑입니다. 하느님의 사랑이 창조 세계 전체에 스며 있습니다. 이 사랑을 자연과 당신 안에서 만물을 관통하는 힘으로 인지하도록 애쓰세요. 그러면 벤치에 앉아 있는 것도 심오한 영적 체험이 될 수 있습니다.

우정을 가꾸기 위해 시간을 내라

일과 맡은 책임 때문에 친구 관계에 소홀해진다고 하소연하는 사람들을 자주 만납니다. 그들은 친구들에게 시간을 내지 못해서 괴로워합니다. 친구들과 함께할 시간이 충분하지 않을 때, 우리는 우정이 얼마나 소중한지, 우정을 얼마나 잘 가꾸어야 하는지 절감합니다.

　　우정이 인간의 행복에 얼마나 중요한지는 고대 그리스 철학자들이 이미 강조했습니다. 그들은 우정이 주는 선물에 관해 자주 이야기했고, 영혼이 해를 입지 않기 위해서는 우정이 필요하다고 확신했습니다. 그러나 두 사람이 맺은 우정은 언제나 신의 선물이라는 것도 알았습니다. 플라톤은 이렇게 말합니다. "신은 친구를 얻게 해 준다. 신은 친구에게 친구를 갖게 해 준다." 그렇지만 플라톤은 자기 자신과 친구인 사람, 자기 자신과 다정하게 교류하는 사람만이 누군가에게 친구가 될 수 있다고 합니다. 이에 비추어

볼 때 우정을 가꾸는 것은 먼저 자기 자신을 잘 대하는 법, 자기 자신의 친구가 되는 법을 배우는 것을 의미합니다.

그리스인들은 우애를 가리키는 '필리아*philia*'라는 고유한 단어를 사용했습니다. 우애의 본질은 친구를 조건 없이 받아들이고 그의 편에 서는 것, 나에게 어떤 역할을 강요하지 않고 친구 앞에서 온전히 나 자신이 될 수 있는 것입니다. 에피쿠로스도 우정을 칭송했는데, 그는 주로 인간을 행복하게 하는 것에 관심을 가졌습니다. 그에게 우정은 삶을 행복으로 채우는 길입니다.

우리는 대체로 우정의 가치에 동의합니다. 그런데 우정은 가꾸어야 하는 것입니다. 서로 거의 만나지 못하는 친구들이 있습니다. 그러나 두 사람은 만나는 즉시 다시 친밀해집니다. 그렇지만 이는 예외입니다. 나는 친구가 어떻게 지내는지 알고 싶습니다. 친구가 가까이 있다고 느끼고 싶습니다. 내 상황이 좋지 않을 때 친구가 곁에서 도와주기를 바랍니다. 우정은 언제나 상호성을 요구합니다. 끊임없이 주고받는 것입니다. 친구를 위해 시간을 내면 구약성경에 나오는 지혜의 스승인 시라가 말하는 행복한 체험을 할 수 있습니다. "성실한 친구는 든든한 피난처로서 그를 얻으면 보물을 얻은 셈이다"(집회 6,14).

보물은 소중히 여겨져야 합니다. 우정을 소중히 여기는 것은 친구를 위해 시간을 내는 데서 드러납니다. 흔히들 이렇게 생각합니다. '나와 함께 시간을 보내고 싶으면 친구가 내게 전화를 걸면 돼.' 그러나 어쩌면 친구도 나와 똑같이 생각할 겁니다. 아니면 친구가 지금 할 일이 많을 거라고 함께 무언가 계획하기를 스스로 막아 버리는 사람들도 있습니다. 친구에게 전화를 걸고 만나서 함께 무언가를 해 보는 게 어떤지, 가령 하이킹을 할 수 있는지 물어보겠다고 결단하는 자세가 필요합니다. 내가 먼저 제안하면 친구는 기뻐할 것입니다. 어떤 사람들은 언제나 자신이 만남을 주선해야 한다고 불평합니다. 그러나 그렇게 불평하는 대신에 먼저 전화기를 들고 친구에게 물어보는 게 좋겠지요. 친구가 나의 제안에 응할 수 없더라도 그 역시 나쁜 게 아닙니다. 그러나 통화를 미루면 우정에 해가 됩니다. 우리가 만나야 서로에게 좋습니다.

우정을 굳건히 하라

우정은 은밀한 것, 사적인 것이기에 형식이나 의식은 우정을 제한할 거라고 여기는 사람들이 더러 있습니다. 그렇지만 사실은 그 반대입니다. 우정에는 의식이 필요합니다.

친구와 함께 이런 의식을 행해 보세요. 일주일에 한 번 (여의치 않다면 한 달에 한 번) 시간을 정해 한 사람이 다른 사람에게 전화를 겁니다. 항상 당신이 먼저 전화를 걸어야 한다는 생각이 들면, 앞으로는 서로 번갈아 전화를 걸자고 합의할 수도 있습니다.

다른 의식을 할 수도 있습니다. 일 년에 두 번 만나는 날을 정해서 함께 하이킹을 하든지, 음악회나 강연회에 가든지, 함께 식사하는 것입니다.

많은 사람이 친구들과 보낼 시간이 없다고 불평만 합니다. 그러나 의식은 우정을 지켜 줍니다. 한 해 중에 날을 정해 놓으면, 그날은 불가침의 날, 당신에게 기쁨을 주는 날입니다. 이제 당신은 친구와 함께 시간을 보내는 것에 미리 기뻐할 수 있습니다.

♪♪ 기쁨을 잊지 마라:
그것은 최고의 감정이다

"영혼은 기쁨을 먹고 자란다." 아우구스티누스 성인이 한 말입니다. 인간은 음식만으로는 양분을 공급받지 않는다는 사실이 이 말에 담겨 있습니다. 어떤 일이나 사건, 사물에 대한 기쁨은 본래 영적 양식입니다. 우리가 이 감정을 통해 활기와 에너지를 얻고 결속을 체험할 때, 영혼은 더 굳세어지고 생기 넘치게 됩니다. 톨스토이는 이렇게 말했습니다. "인생의 과제, 사명이 있다면, 그것은 기쁨이다. 하늘에 대해서, 해와 별에 대해서, 풀과 나무에 대해서, 동물과 인간에 대해서 기뻐하라." 성경도 이렇게 말합니다. "즐거운 마음은 건강을 좋게 하고 기가 꺾인 정신은 뼈를 말린다"(잠언 17,22). 기뻐하는 사람은 자신의 몸 상태도 좋다고 느낍니다. 이렇듯 주체가 느끼는 편안함은 몸에도 작용하면서 건강을 증진합니다. 반면에 분노나 걱정에 짓눌린 사람은 자기 자신을 해칩니다.

심리학에서는 기쁨을 고양된 감정이라고 말합니다. 기쁨은 우리를 움직이고 이롭게 합니다. 그렇지만 기쁨은 단순한 감정 그 이상입니다. 요한복음서는 우리가 감정적으로 인지하지 못하더라도 각자의 내면에 기쁨의 샘이 흐른다는 관점에서 출발합니다. 그런데 우리는 종종 이 기쁨의 샘에서 단절됩니다. 걱정과 근심이 그 위를 덮습니다. 기쁨의 샘이 우리의 의식에 스며들지 못합니다. 하지만 누군가가 우리에게 건네는 다정한 말을 통해, 마음을 북돋우는 아름다운 음악을 통해 우리는 이 기쁨의 샘에 다가갈 수 있습니다.

어떻게 해야 성경과 시와 심리학이 전하는 오래된 지혜들이 지금 우리의 일상에 영향을 미칠 수 있을까요? 기쁨의 샘에서 물을 길어 올릴 수 있는 한 가지 방법은 내가 살아오면서 맛본 수많은 기쁨을 떠올리는 것입니다. 그래서 저는 다음과 같이 연습해 보라고 제안하고 싶습니다.

기억을 더듬으며 당신이 살아온 역사 속으로 들어가세요. 당신에게 기쁨을 주었던 상황들을 떠올리세요. 크리스마스 장식을 해 놓은 거실의 트리에 달린 종이 은은하게 울렸을 때, 트리를 감싼 꼬마전구들이 반짝거리며 빛을 내었을 때, 아버지가 트리 앞에서 성탄 복음 말씀을 읽었을 때 느꼈던 행복이 떠오를 겁니다. 좋은 추억을 떠올리면 지금도 흐뭇해집니다. 이렇듯 당신을 기쁨으로 채워 주는 많은 기억이 있습니다. 첫영성체 날도 떠오를 겁니다. 당신은 촛불을 들고 벅찬 마음으로 부모님에게 다가갔겠지요. 그날 당신은 축제의 주인공이었고 친척들의 사랑도 느꼈습니다. 또는 고등학교 졸업장을 받았을 때의 보람을 다시 느껴볼 수 있습니다. 당신은 졸업 시험(독일에서는 마지막 학기에 치르는 이 종합 시험을 통과해야 졸업장을 받고 대학 입학 자격도 주어짐: 옮긴이)으로 인한 무거운 부담을 떨쳐 냈고 새로운 가능성과 함께 눈앞에 펼쳐질 삶을 그렸습니다. 그때의 설렘도 지금 다시 음미해 볼 수 있습니다.

또는 휴가 때를 떠올려 보세요. 즐거웠던 경험들이 분명히 많을 겁니다. 아름다운 경치, 낯선 사람들과 문화와의 만남, 멋진 산들로 둘러싸여 있는 호수에서 수영한 일…. 힘들게 산 정상에 올라 만족한 일을 떠올릴 수도 있습니다. 눈앞에 펼쳐진 놀라운 파노라마를 바라보며 멋진 자연 경관을 즐겼지요. 그리고 이렇게 높은 산에 올랐다는 사실에 마음이 뿌듯했습니다. 휴가 때 함께 간 친구들과 지역 특산품인 포도주를 곁들여 근사한 식사를 했던 아름다운 밤도 떠올립니다.

다른 실용적인 방법도 있습니다. 기쁨 목록을 작성하는 것입니다. 이 목록에는 당신에게 기쁨을 주는 모든 일과 체험을 담습니다. 지난날의 행복한 경험도 적을 수 있습니다. 지금 기쁜 일이 없다면, 예전의 내용을 읽으세요. 그러면 당신의 영혼 깊은 곳에 숨어 있는 기쁨과 다시 접촉할 수 있습니다. 과거의 즐거웠던 체험을 떠올리는 가운데 영혼 깊은 곳에서 기쁨이 솟아나 당신의 의식에 스며들 수 있습니다. 그리하여 당신은 오늘 기쁨을 누릴 수 있습니다. 기쁨은 늘 우리를 현재로 데려가고 지금의 삶을 규정합니다. 우리를 생기로 가득 채우고 삶을 새롭고 가볍게 합니다. 당신을 억눌렀던 과거에 빛을 주고 새로운 꿈을 꿀 수 있게 합니다. 그러면 일상에서나 전혀 다른 상황에서 아우구스티누스 성인의 말을 경험하게 될 것입니다. "영혼은 기쁨을 먹고 자란다."

몸과 영혼의 기쁨을 느끼라

자리에 조용히 앉으세요. 눈을 감고 당신의 몸 안으로 들어간다고 상상해 보세요. 이제 내면의 눈으로 목과 목덜미, 가슴을 지나 배와 골반 부위를 통과합니다. 이때 당신 안에 어떤 감정이 있는지 인지하세요. 어쩌면 여러 부위에서 서로 다른 느낌이 들 겁니다.

그다음에는 모든 생각과 감정을 통과하여 당신의 영혼 깊은 곳으로 들어가세요. 그곳이 어딘지는 정확히 규정할 수 없습니다. 하지만 단순히 이 내적 공간을 그려 볼 수는 있습니다. 영혼의 깊은 곳에 기쁨의 샘이 있다고 상상하세요. 그 샘에서 기쁨이 천천히 흘러나와 몸과 의식 속으로 들어가게 하세요. 그러면 기분이 달라지고 몸 전체에서 충만함을 감지하게 될 것입니다.

🎵 힘든 관계를 명확히 하라: 당신의 감정에 귀 기울이라

나에게 끊임없이 무언가를 바라는 사람들이 있습니다. 나는 그들을 도와주려 애씁니다. 그렇지만 내 도움이 아무런 소용이 없는 것 같습니다. 때로는 그런 사람들과 바람직한 방식으로 결별하는 것만이 해결책이 됩니다.

그런 사람들은 늘 오래된 문제 주변을 맴돕니다. 우리는 이웃을 사랑하는 마음에서 그들을 내버려두지 않지요. 도와야 한다고 생각합니다. 결국 그들은 심리적으로 건강하지 않으니까요. 그런 생각은 칭찬할 만합니다. 그러나 우리는 자신의 감정에도 귀를 기울여야 합니다. 내 도움이 상대방에게 실제로 유익한지, 내가 호의를 베풀어서 오히려 상대방이 미성숙한 태도에 고착되는 것은 아닌지 밝혀야 합니다. 상대방이 아무것도 바꾸려 하지 않을 수도 있습니다. 그렇지 않으면 나와의 관계를 잃을 테니까요. 그 사람에게는 내 도움 없이 어떻게 자기 삶을 주도할지, 어떻게 삶을 위한 행보를 감행할지 자신을 들여다보는 것이 도전으로 다가오지 않을까요? 물론 내 신경을 건드린다는 이유만으로 관계를 끊기는 어렵습니다. 그러면 양심의 가책을 느낍니다. 그러나 이런 괴로운 마음을 단순히 떨쳐 내서는 안 됩니다. 그렇지 않으면 죄책감이 계속될 것입니다. 오히려 나와 상대방에게 무엇이 최선인지 조용히 숙고해야 합니다. 때로는 신경을 건드리는 사람과 결별하는 것이 가장 좋은 방법입니다. 이는 상대방에게 진실을 마주하게 하고 본인이 왜 다른 사람들을 불편하게 하는지 자문해 볼 기회도 될 겁니다. 그 사람이 더 나은 삶을 살기 위해 무언가를 감행한다면, 이는 본인에게 도전이 될 것입니다.

 결별에 대한 문제는 우리에게 도움을 청하는 이들에게만 관계되는 게 아닙니다. 때로는 오랜 친구 관계가 돌연 깨지기도 합니다. 우정은 값진 보화입니다. 가볍게 포기해서는 안 됩니다. 하지만 친구들과의 만남이 늘 싸움으로만 끝나는 경우를 자주 봅니다. 너는 나에게 관심이 없고 나를 이해하지 못한다며 친구를 비난하고 오해를 키웁니다. 어느 여성은 친구에게서 늘 상처 받는다며 매번 그 친구를 강하게 비난합니다. 우정을 깨뜨리지 않으려고 친구는 굴복합니다. 그렇지만 본인은 더 이상 기분이 나아지지 않습니다. 친구 사이가 비틀어져서는 안 됩니다. 내가 한 말에 대해 늘 사과해야 한다면, 우정은 무거운 짐이 되고 맙니다. 이때는 허심탄회하게 대화를 나누면서 새로운 토대를 찾을 수 있습니다. 또는 우리는 친구로 지내며 좋은 경험을 많이 했고 서로 오랫동안 지지해 주었다는 것을 받아들여야 합니다. 그러나 지금은 우정의 수명이 다한 시점에 온 것이 분명합니다. 그렇다면 서로 한동안 거리를 두는 게 나을 수 있습니다. 1년 뒤에는 두 사람이 거리를 두었던 때보다 우정에 대한 갈망이 더 커졌음을 알게 될 것입니다.

    두 사람이 헤어져야 한다면 싸우거나 대결하는 것으로 끝나서는 안 됩니다. 오히려 두 사람이 함께 나누고 체험했던 좋은 것들을 기리는 의식을 치르는 것이 바람직합니다. 친구가 더욱 자유롭고 생기가 넘치며 사랑과 평화를 누리는 복된 길을 가도록 기원해야 합니다.

이별 예식 잘 치르기

어느 친구와 결별해야 한다면 이별 예식을 치르는 게 좋습니다. 두 사람은 다시 한번 만납니다. 그리고 상대방이 자신에게 무슨 의미를 지녔는지, 어떤 좋은 체험을 함께했는지, 우정을 통해 무엇을 배웠는지 서로 이야기합니다. 친구에게 우정에 대해 그리고 우정을 통해 받은 모든 좋은 것에 대해 고마움을 표현합니다. 이어서 친구의 앞날이 잘되기를 빌어 줍니다. 이 모든 좋은 체험과 감사의 말을 편지에 써서 친구에게 전하는 것도 이별 예식을 치르는 좋은 방법일 수 있겠지요. 각자 자기 생각을 남김없이 말하고 끝까지 경청한 다음, 둘이 함께 식사하러 갈 수도 있습니다.

예식(의식)은 지난날을 존중하게 합니다. 우정 안에서 자란 것은 각자에게 남아 있습니다. 두 사람은 감사하면서 그것을 마음에 간직합니다. 좋았던 것은 사실입니다. 동시에 두 사람은 이제 서로 다른 길을 가야 할 때임을 지각합니다. 각자 자신의 길을 힘차게 갑니다. 당신은 친구가 가는 길을 평가하지 않고 새로운 길을 가는 친구에게 하느님의 축복을 기원합니다.

♪♪ "멈춰!" 하고 말하는 법을 배우라

많은 사람이 '전원'을 끌 수 없다고 하소연합니다. 힘들게 일하고 집으로 돌아왔지만 하루 종일 돌렸던 '필름'이 계속 재생됩니다. 밖으로 나가 산책을 해도 자신을 짓누르는 많은 걱정이나 머릿속을 맴도는 그다지 중요하지도 않은 수천 가지 생각에서 벗어나지 못합니다. 생각이 계속해서 뇌를 점령하고 있다면 어찌해야 할까요? 머릿속에서 그런 생각들이 녹음테이프처럼 끊임없이 돌아가면서 마음의 평화를 앗아 가면 어떻게 해야 할까요?

한 가지 좋은 방법은 지금 하는 일에 집중하는 것입니다. 산책을 한다면 걷기에 마음을 모읍니다. 한 걸음 한 걸음을 내디디면서 다른 무엇도 생각하지 않습니다. 다만 나의 모든 감각은 열려 있습니다. 주변 경치를 바라보고, 바람이 불고 새들이 지저귀는 소리도 듣습니다. 숲에서 풍기는 고유한 냄새도 맡습니다. 또는 숨쉬기에 집중합니다.

몸에 집중하면서 머리의 힘을 뺍니다. 머리는 늘 소란하고 끊임없이 생각을 만들어 내며 나를 쉬지 못하게 합니다. 이따금 내 안에서 거듭거듭 떠오르는 생각들을 내버려야 합니다. 나에게 단순히 이렇게 말해야 합니다. '멈춰! 이제 나는 더 이상 그것을 생각하지 않을 거야. 그 문제는 내일 일하면서 다룰 거야. 지금 나는 여기서 걷고 앉고 경치를 바라보고 친구와 대화하는 것을 즐기고 있어.'

생각의 전원을 끄는 또 다른 방법이 있습니다. 내 안에서 모든 생각이 떠오르게 내버려두는 것입니다. 그렇게 해도 됩니다. 하지만 골똘히 생각하지는 않습니다. 생각들을 인지하고 지나가게 둡니다. 맞서 싸우지 않고 단순히 놓아 줍니다. 이제 그 생각들은 그다지 중요하지 않습니다. 하늘에 떠 있는 구름처럼 흘러갑니다. 내 안에서 떠오르는 온갖 생각을 그렇게 인지하고 놓아 주면서 서서히 내면을 비웁니다.

공허함을 추구하는 사람은 드뭅니다. 우리는 영감으로 가득 차 삶을 의식적으로 형성하고 주도하기를 바랍니다. 그러나 주변을 끊임없이 맴도는 수많은 생각에서 벗어나 내면을 비워야 새로운 영감이 떠오릅니다. 저는 종종 이런 경험을 합니다. 책이나 글을 쓸 때 머리를 쥐어짜면 대개 더 이상 생각이 떠오르지 않습니다. 이럴 때는 침대에 눕습니다. 단순히 그렇게 있자고, 피곤함을 허용하자고 마음먹습니다. 그러면 어느새 새로운 생각이 떠오르고 무엇을 써야 하는지 다시 알게 됩니다. 내적 비움은 창의성의 원천입니다. 뇌는 쉬고 나면 제 기능을 수행한다고 뇌 연구가들이 말합니다. 이제 뇌는 새로운 생각을 펼칠 수 있습니다.

불교에서 수행하는 명상(예컨대 선禪 명상)의 목표는 마음을 비우는 것입니다. 비움은 단순히 냉정해지는 것이 아니라, 오히려 하느님의 신비를 깨닫게 되는 것입니다. 하느님이 내 안에 머무실 수 있도록 나는 비워져야 합니다. 그리스도교 전통은 시편 말씀을 즐겨 인용합니다. "너희는 멈추고 내가 하느님임을 알아라"(시편 46,11). 모든 생각을 멈추어야 하느님을 알 수 있습니다. 고대 수도승들은 '바카레 데오vacare Deo'에 관해 이야기하는데 이 문구는 '하느님을 위하여 비움', '하느님을 위하여 자유로워짐'이라는 뜻입니다. 라틴어 '바카레vacare'는 '(자리가) 비어 있음'도 의미합니다. 내면의 집이 텅 비어 있어야 하느님이 그 안에 거주하실 수 있습니다. 너무 많은 생각이 영혼의 집을 차지하면 그 안에는 하느님이 머무실 공간이 더는 없습니다. 따라서 영성 생활의 목표 중 하나는 머릿속에서 떠다니는 수많은 생각에서 벗어나 내면을 비우는 것입니다. 우리가 하느님을 위하여 내면을 비워 놓으면 그분이 그곳을 사랑으로 채우실 것입니다.

'문지기' 연습

에바그리우스 폰티쿠스가 4세기에 실행했던 연습을 제안하고 싶습니다. 그는 이를 '문지기' 연습이라 일컬었습니다. 아무것도 하지 않고 방에 앉아 있으세요. 책을 읽거나 기도하거나 묵상하거나 무언가를 생각하지도 않습니다. 물론 쉽지 않지요. 그렇게 있으면 당신 안에서 생각들이 떠오를 겁니다. 에바그리우스는 '이제 나는 훌륭한 문지기가 된다'고 생각합니다.

모든 생각을 인격화하여 물어봅니다. '너는 나에게 친구인가, 아니면 적인가? 너는 나를 내 집에서 내쫓으려는 불법 점거자인가? 아니면 나에게 무언가 중요한 할 말이 있는가?' 나에게 무언가를 말하고 유익을 주며 본질적인 것을 가리켜 보인다고 여겨지는 생각들을 마주하면서 대화를 나누세요. 다른 생각들은 '문'을 닫고 물리치세요. 이는 매우 현명한 연습입니다. 모든 생각을 멈출 수는 없습니다. 그것은 불가능합니다. 그렇지만 그 생각들을 들여다보고 질문할 수 있습니다. 어떤 생각들을 받아들여야 할지, 어떤 생각들을 내보내야 할지 분별할 수 있습니다.

🎵 방해받지 않고 고요하게: 당신에게는 휴식처가 필요하다

수도원의 제 방으로 물러나 문을 닫으면 아무도 저를 방해하지 않습니다. 이런 점에서 많은 친구가 저를 부러워합니다. 수도자의 방은 전화도 곧장 연결되지 않습니다. 공적 전화는 수도원 행정실로만 연결되기 때문입니다. 하지만 이런 일을 평범한 일상에서도 그려 볼 수 있지 않을까요?

가정생활을 하면서 자녀나 손주 또는 병든 부모, 끊임없이 다른 사람을 돌보는 많은 사람이 휴식처를 갈망합니다. 그들이 수도원의 생활 방식을 그대로 따를 수는 없습니다. 그러나 일상 가운데서 자신을 위해 휴식처를 마련하는 방법도 있습니다. 어떤 사람들에게는 근처 성당이 그런 곳입니다. 그들은 이따금 아무도 없는 빈 성당에 앉아 누구와도 연락이 닿지 않는 것을 즐깁니다. 경건하게 기도해야 한다는 압박을 받지 않고서 성당에 앉아 있습니다. 단순히 고요함을 즐깁니다. 성당의 건축 양식이 영향을 줄 수도 있습니다. 성당은 보호받고 있음을 느끼게 해 주고, 믿음 안에서 자신이 혼자가 아님을 보여 주며, 거룩한 공간에서 기도했던 수많은 사람과 성화 속 성인들이 그들을 지지하고 있다고 전해 줍니다.

다른 사람들은 자신이 물러나 있을 만한 '섬'을 집 안에 만들어 놓습니다. 그러기 위해서 작은 방을 비워 영적 공간으로 꾸민 사람들도 있습니다. 그들은 이 공간에 그리스도의 성상이나 이콘을 세워 놓고, 초와 기도용 의자 또는 편안한 방석을 비치해 둡니다. 그리고 필요하다고 느낄 때면 이 작은 방으로 물러납니다. 이제 이곳에서 그들은 아무런 방해를 받지 않습니다. 전화 호출도, 외부의 요구도 닿지 않습니다. 늘 같은 시간에 이 작은 방으로 들어가는 사람들도 더러 있습니다. 그들은 매일 10-20분 정도 그곳에 앉아 있는 것을 일종의 의식으로 행합니다. 묵상을 하거나 아무런 압박도 받지 않고서 그저 앉아 있습니다. 무언가를 이루거나 성취할 필요 없이 자신에게 주어진 거룩한 시간을 보냅니다.

예전에 유럽에는 집마다 '성상을 모셔 놓은 작은 공간Herrgottwinkel'이 있었습니다. 당신이 자신을 위해 그런 공간을 어떻게 마련할 수 있는지 탐색해 보세요. '나에게

은둔의 섬은 어디일까? 집 안에 휴식처를 마련할 수 있을까? 아무것도 하지 않고 앉아 있을 안락의자면 충분할까? 나만의 기도 공간을 마련해 볼까? 나는 쉴 수 있는 공간을 나에게 허용하는가? 그렇지 않으면 집 밖의 어느 장소, 성당이나 숲속의 벤치가 나의 휴식처인가? 또는 어느 한적한 곳이 나의 쉼터인가?' 당신이 그곳에 잠시 머물고 싶다면, 당신에게 가능한 게 무엇인지 그리고 무엇이 당신을 기쁘게 하는지 숙고해 보세요. 기꺼이 머무를 수 있는 휴식처를 마련하세요. 거기서 하느님의 치유와 사랑 안에서 보호받고 있음을 느끼길 바랍니다.

고요함을 들어 보라

아주 고요한 곳을 찾으세요. 그곳은 거리의 소음이 들리지 않는 당신 집의 어느 방일 수 있습니다. 또는 고요함이 감도는 성당이나 엔진 소음이 들리지 않는 숲일 수도 있습니다.

지금 성당 안에 있다면 자리에 앉아서 단순히 고요함의 소리를 들어 보세요. 숲속에 있다면 잠시 멈추어 서서 당신을 감싸고 있는 평온함의 소리에 귀를 기울이는 것이 가장 좋습니다. 어떤 소리가 들리나요? 아무것도 들리지 않는다면 그저 고요함을 인지하세요. 아무것도 생각할 필요가 없고 어떤 문제를 해결할 필요도 없습니다. 그냥 앉거나 서서 고요함에 귀를 기울여 보세요. 머릿속에서는 여전히 여러 가지 생각이 떠돌아다닐 겁니다. 그럴 때마다 당신을 감싸고 있는 고요함을 인지하려고 애쓰세요. 지금 무엇이 당신을 감싸고 있나요? 하느님의 사랑인가요? 하느님의 축복인가요? 단순히 어떤 그윽한 기운인가요?

어떤 생각에 빠질 때마다 원래 상태로 돌아오세요. '나는 지금 아무것도 생각할 필요가 없어. 무얼 할 필요도 없어. 그저 가만히 있어 보자. 고요함이 단순히 존재하듯이.' 그러면 당신의 내면에도 완전한 고요함이 깃들 것입니다. 당신은 내면에서 무슨 일이 일어나고 있는지 묘사할 수 없습니다. 그러나 당신을 감싸고 있고 영혼 깊은 곳에 있는 신비를 지각합니다. 이루 말할 수 없는 고요한 신비를.

♪♩ '전원'을 끌 수 있는 사람은 삶에서 더 많은 것을 누린다

요즘 청소년을 '스마트폰 세대'라고 말합니다. 그들은 흔히 모바일 메신저로 채팅하고 인스타그램에 사진과 정보를 게시하고 유튜브에서 영상을 시청합니다. 12-17세 청소년의 85퍼센트가 매일 3시간 핸드폰을 사용합니다. 이는 독일 아동·청소년 중독문제센터의 연구 결과입니다. 그러나 성인 가운데서도 일상에서 핸드폰을 포기하는 것은 결코 상상할 수 없다고 생각하는 사람들이 많습니다. 그들은 핸드폰을 차에 두고 내렸거나 바로 찾지 못하면 불안해합니다. 중요한 것은 핸드폰을 가지느냐 마느냐가 아닙니다. 그것을 어떻게 사용하느냐는 것입니다. 많은 사람이 핸드폰을 무거운 짐으로 여깁니다. 그들은 언제 어디서나 연락을 주고받을 수 있습니다. 핸드폰을 한시적으로 꺼 놓는 것, 누구와도 연락이 닿지 않는 것은 일종의 '호사'입니다. 우리는 때때로 이러한 호사를 허용해야 합니다. 그렇습니다. 우리는 핸드폰을 사용하지 않는 시간을 의식적으로 정할 수 있습니다.

저는 저녁 8시면 모두 핸드폰을 끄기로 한 여러 가정을 알고 있습니다. 그때부터는 가족 중 누구도 핸드폰으로 연락할 수 없습니다. 이는 가족에게 좋은 영향을 미칩니다. 부모는 자녀와 함께 놀아 줄 수 있습니다. 전화 통화나 앱 메시지로 인해 자녀와 함께 노는 데에 방해를 받을까 봐 걱정할 필요가 없습니다.

어느 회사의 직원들은 항상 대기하고 있어야 합니다. 상사가 언제 연락하든 받을 수 있게 말이지요. 회사가 국제적으로 연결되어 있다면 연락하는 것은 대개 밤낮을 가리지 않게 됩니다. 예를 들어 중국과 미국의 업무 시간이 다르기 때문입니다. 이렇게 하면 24시간 내내 연락을 취할 수도 있습니다. 이는 인간의 생체 리듬을 깨고 장기간 지속되면 질병을 유발할 수도 있습니다. 회사는 직원을 돌볼 책임이 있습니다. 상사의 연락을 받는 업무를 여러 직원이 나누어 맡으면, 몇 주 동안은 야간 호출을 받지 않고 안정감을 얻을 것입니다.

초기 교회에서는 '금욕Askese'을 어떤 것들을 포기함으로써 좋은 삶을 영위하는 연습으로 여겼습니다. 오늘날에는 금욕을 다른 형태로 실천할 수 있습니다. 예를 들면 누군가와의 연락을 한시적으로 중단하는 것, 즉시 대답하지 않고 잠시 미루는 것입니다. 무언가를 놓칠까 봐 핸드폰을 잠자리에 가져가는 사람들이 있습니다. 이로써 그들은 본질적인 것을 잃어버립니다. 밤의 휴식, 건강한 수면, 내적 평화입니다. 삶을 잘 꾸려 가기 위해서는 이러한 요소들이 꼭 필요합니다. 당신의 일상에도 아무도 당신과 연락할 수 없는 시간이 있어야 합니다. 그래야 자기 자신에게 도달하여 스스로와 교류할 수 있습니다.

시간을 정해 핸드폰 단식하기

핸드폰 단식을 실천하고 싶다면 구체적인 시간을 정해야 합니다. 예컨대 저녁 식사를 앞두고 가족이 모두 핸드폰을 끄는 것은 훌륭한 의식입니다. 그러면 아무런 방해를 받지 않고 저녁 식사를 하게 되고 가족은 서로에게 향할 수 있습니다. 그 시간이 너무 이른 것 같으면, 최소한 저녁 식사 때만이라도 핸드폰을 끄고 식사 후에 다시 켤 수도 있습니다. 정해 놓은 시간에는 아무와도 연락하지 말아야 합니다. 그것이 언제 실현되는지는 지혜가 할 일입니다.

이 의식을 다른 사람들, 친구, 직장 동료와 함께 실천해도 좋습니다. 이는 우리가 대하는 사람들과 더 명확한 관계를 형성하게 합니다. 많은 사람이 감히 그렇게 하지 못합니다. 그러나 그들이 이 의식을 함께 행하면 대부분 이해하게 될 것입니다. 어쩌면 이 의식이 다른 사람들에게도 영감을 주어서 자신에게는 어떤 '핸드폰 의식'이 좋을지 깊이 생각하게 할 것입니다.

♪♩ 포기함으로써 얻는 자유: 중요한 것은 연습이다

우리의 일상은 광고에 둘러싸여 있습니다. 끊임없이 무언가를 즐기라는 권유, 소비하고 구매하라는 요구에 포위되어 있습니다. 사순절은 포기하는 시기입니다. 많은 사람이 포기를 부정적인 것과 결부합니다. 그들은 포기를 금지로 여깁니다. 반면에 다른 사람들은 포기함으로써 무언가를 훨씬 더 누릴 수 있다고 생각합니다. '명령'이 아니라 나의 결정에 따라서 포기할 때, 내적 자유가 강화되는 체험을 할 수 있습니다. 이 말은 단지 사순절에만 적용되지 않습니다. 하루하루가 포기의 자유를 체득하고 그로부터 힘을 얻는 의식적인 기회가 될 수 있습니다.

독일어로 '포기Verzicht'라는 말은 원래 법률 용어에서 나왔습니다. 이 단어는 '용서하다verzeihen'라는 동사와 관련이 있습니다. 나는 내 권한에 속하는 무언가를 요구하지 않고 포기합니다. 이 단어의 뒷부분인 '꾸짖다zeihen'라는 말은 원래 '누군가를 고발하다', '누군가에게 책임을 씌우다'를 의미합니다. 용서하면서 나는 고발하기를 포기합니다. 이로부터 '나는 무언가 요구하기를 포기한다', '나는 무언가를 단념한다'로 의미가 확장되었습니다.

정신분석학의 창시자 지그문트 프로이트Signund Freud가 언젠가 이렇게 단언했습니다. "포기할 줄 모르는 사람은 결코 강한 자아로 발전할 수 없다." 프로이트는 무엇보다 인간의 욕구에 관해 기술합니다. 아이는 자신의 고유한 욕구를 채우거나 부모에게서 욕구를 충족하려고 애씁니다. 사랑과 인정, 보호받음과 안전함, 먹는 것과 돌봄에 대한 기본 욕구가 어린 시절에 충분히 충족되지 못한 사람은 성인이 되어서도 욕구들을 제대로 다스리기가 힘듭니다. 그는 늘 자신이 무시당한다고 여깁니다. 그러니 모든 욕구를 곧바로 채울 수밖에 없습니다. 이는 미성숙함을 드러냅니다. 특정한 욕구를 충족할지 포기할지를 자유로이 결정할 수 있는 사람이 성숙한 인간입니다.

고대 그리스인들은 포기보다는 금욕에 관해 이야기했습니다. 금욕은 연습이나 훈련입니다. 훈련은 어떤 경기를 준비하는 것을 의미합니다. 금욕하면서 우리는 준비합니다. 삶이라는 경기에 이기기 위해서입니다. 우리는 교육을 받습니다(영어로 '훈련하다train'는 '끌어내다', '가르치다'를 의미합니다). 행복하게 살기 위해서입니다. 금욕에는 기쁨도 깃들어 있습니다. 무언가를 포기하는 것은 즐겁습니다. 이는 만족감을 줍니다. 나는 욕구 충족하기를 포기했습니다. 이는 마치 스포츠 같습니다. 나는 허기를 즉각 채우지 않음으로써 자유로움을 느낍니다. 많은 사람이 체중이 줄지 않아서 화를 냅니다. 그러나 그들은 배가 고프면 즉시 먹어야 한다는 강박이 있는 듯합니다. 번화가를 지나가며 상점 진열대에 걸려 있는 예쁜 옷이나 멋진 시계를 바라보면서 아름다움에 경탄한다면 이는 내가 자유롭다는 뜻입니다. 나는 그 상품을 구매하지 않고 지나갈 수 있습니다. 무언가를 사야 한다는 압박을 받는 사람은 늘 너무 많은 돈을 쓰면서도 자신이 전혀 만족하지 못함에 화가 납니다. 그러나 좋은 물건을 보고도 곧바로 사지 않고 지나갈 수 있을 때 나는 자유롭습니다. 기분도 좋습니다. 그저 살아지는 게 아니라 주도적으로 살아간다고 느낍니다.

    과장된 태도를 보이는 사람들도 있습니다. 어떤 사람들은 자신에게 무언가 허용하기를 힘들어합니다. 포기는 할 수 있지만 그것이 강박이 됩니다. 포기하는 것과 삶을 부정하는 것을 혼동합니다. 이는 예컨대 병적인 체중 감량에서 뚜렷이 드러납니다. 이런 사람들에게 포기하는 것은 괜찮습니다. 그러나 무언가를 즐기기는 두려워합니다. 그것을 나중에는 더 이상 포기하지 못할 수도 있으니까요. 그들은 중도를 알지 못합니다. 과도하게 포기합니다. 이런 경우에는 양극이 필요합니다. 포기하는 것과 즐기는 것, 자신에게 무언가를 허용하는 것과 거부하는 것입니다. 아무런 제약 없이 양극을 다룰 수 있어야만 참으로 자유로워집니다. 그러면 우리는 성숙한 사람, 포기할 때와 허용할 때를 스스로 결정하는 사람이 될 수 있습니다.

상상은 연습이 될 수 있다

좋아하는 음식을 상상해 보세요. 예를 들어 아이스크림을 좋아한다고 합시다. 상상 속에서 당신은 이탈리아 아이스크림 가게를 지나가면서 다양한 아이스크림을 봅니다. 그러나 한 개만 주문합니다. 당신은 이것 하나로 만족하나요? 또는 다른 아이스크림에 눈길이 가나요? 아니면, 처음에 주문한 아이스크림에 집중하면서 그 맛을 음미할 수 있나요?

다음과 같이 상상해 볼 수도 있습니다. 당신은 아이스크림 가게를 지나가면서 아무것도 사지 않습니다. 그때 어떤 감정이 드나요? 아이스크림을 사지 않아서 아쉽나요? 또는 아이스크림 가게를 그냥 지나친 것에 대해 감사한 마음이 드나요? 그렇다면 이렇게 생각하겠지요. '그렇게 하는 것이 체중 관리에 도움이 돼.' 그런 다음 당신은 상상 속에서 조용히 앞으로 나아가면서 내적 평화를 느낍니다. '나는 무언가를 살 수도 있고 포기할 수도 있어. 이런 자유를 증명했다는 것이 뿌듯해.'

묵상하라: 기도에서 새 힘을 길으라

수도자들은 날마다 묵상합니다. 새벽에 공동 기도를 바친 다음 이어서 묵상을 합니다. 묵상은 내적 평화로 이끕니다. 저는 '예수 기도'로 묵상을 시작합니다. 숨을 들이쉬면서 '주 예수 그리스도님' 하고 부르며 예수님의 사랑이 제 마음속으로 들어오게 합니다. 숨을 내쉬면서는 '하느님의 아드님, 저에게 자비를 베푸소서!'라고 말하며 예수님의 사랑이 제 몸과 영혼 깊숙이 스며드는 모습을 상상합니다. 그렇게 말하면서 예수님의 사랑이 나의 감정 속으로, 분노, 두려움, 슬픔 속으로 흘러들게 합니다. 한동안 그렇게 하고 나면 제 감정은 변화됩니다. 분노 한가운데서도 마음이 가라앉고 슬픔 가운데서도 사랑을 감지합니다. 이 사랑이 슬픔을 사라지게 하지는 않지만 슬픔에 다른 맛을 줍니다. 저는 슬픔에 맞서 싸우지 않습니다. 오히려 그 슬픔을 받아들이고, 슬픔 가운데서 제가 하느님으로부터 사랑받고 있음을 감지합니다.

'예수 기도'로 묵상하는 다른 방법은 생각과 감정에 주목하지 않는 것입니다. 머릿속이 늘 생각으로 가득 차 있더라도 그것에 주의를 기울이지 않습니다. 생각들을 구름처럼 흘러가게 둡니다. 저는 '예수 기도'의 말씀을 영혼 깊은 곳에 있는 고요한 공간으로 들어가는 인도자로 삼습니다. 그 말씀을 되뇌며 들이쉬고 내쉬는 숨이 내면의 고요한 사랑의 공간으로 데려갑니다. 이 내면의 공간에서 고요해지며 자유로움과 보호받고 있음을 느낍니다. 집에 있는 듯 편안합니다. 그곳에서 내적 원천, 곧 성령의 샘에도 다가갑니다. 느끼지 못하더라도 성령의 샘은 언제나 내 안에 있습니다. 제가 종종 이 샘에서 멀어질 뿐이지요. 이는 절대 마르지 않는 신적 사랑의 샘이기도 합니다. 사랑하도록 저를 몰아세우지 않아도 됩니다. 사랑은 단순히 제 안에서 흐릅니다. 제 몸에 스며든 사랑이 다른 사람들에게 흐르는 일은 이롭습니다. 사랑은 사람들에 대한 나의 부정적인 태도에 맞서기 위해 쟁취해야 하는 것이 아닙니다. 오히려 사랑은 사람들에게 스스로 흘러가는 것입니다.

그런데 날마다 묵상하면서 이를 일종의 성과처럼 바라보는 사람들도 있습니다. 그들은 매일 30분 묵상하는 것을 자랑스러워합니다. 동시에 그렇게 묵상하는 것으로 자신을 남들보다 높이 평가합니다. 하느님 앞에서 자신이 무언가를 해냈다고 여깁니다. 이런 식의 묵상은 우리를 내면의 샘으로 데려가지 않습니다. 도리어 힘과 규율을 요구합니다. 자신이 묵상을 제대로 하는지 끊임없이 갈등하기 때문입니다. 그렇게 하면 묵상이 우리를 겸손이 아닌 오만으로 이끌 위험이 생깁니다. 이로써 묵상의 의미가 왜곡됩니다. 올바르게 묵상하는 사람은 모든 사람과 하나 됨을 느낍니다. 그는 자신을 남보다 낫게 여기지 않습니다. 오히려 다른 사람들에게서 인지하는 것을 자신 안에서도 느끼고, 하느님의 사랑 안으로 받아들입니다.

묵상이 누구에게나 하느님을 만나는 데 적합한 장소는 아닙니다. 많은 사람이 단순한 기도 안에서 하느님을 만납니다. 기도와 묵상은 다릅니다. 묵상은 호흡과 말씀을 통해 고요함에 이르는 매우 형식적인 방식입니다. 기도는 하느님과의 만남, 대화입니다. 자신의 모든 생각과 감정마저 하느님께 솔직하게 내보이는 것입니다. 우리는 기도하면서 자기 생각과 감정, 자신이 안고 있는 문제와 갈등을 보여 드립니다. 그리고 하느님의 사랑이 흘러들어 그것들을 변화시켜 주시리라 믿습니다. 이런 유형의 기도는 힘의 원천이기도 합니다. 우리는 압니다. 모든 것을 스스로 해결할 필요는 없다는 것을요. 하느님의 은총이 우리를 감싸고 스며든다는 것을요. 은총은 우리가 종종 헛되이 맞서 싸우는 모든 것을 축복으로 바꿀 수 있습니다. 우리의 모든 상처뿐만 아니라, 잘못과 약점도 변화시킵니다. 기도는 우리를 굳세게 합니다. 우리는 자기 자신에게서 달아나지 않고 하느님 앞에서 평온에 이릅니다. 이렇게 하느님 앞에서 쉬면서 내면에 있는 힘의 원천을 느낍니다. 이 원천이 하느님의 영으로 삶을 형성하라고, 하느님의 영에 부합하는 일을 하라고 우리를 다그칩니다.

성당에 앉아서 고요해지도록 애쓰라

당신이 성당에 앉아서 마음이 고요해지도록 애쓴다면, 기도가 빛을 발하는 것을 체험할 수 있습니다.

먼저 이렇게 생각해 보세요. '오래전부터 많은 사람이 이 성당에서 기도했다. 교회가 사회에 지대한 영향을 미쳤던 시절에 사람들은 여기서 기도했다. 국가사회주의(나치)가 교회를 박해했던 시기에도 사람들은 이곳에서 기도했다. 그리고 오늘날 핍박받는 그리스도인들이 많은 지역에서 기도를 바치고 있다.'

이어서 다음과 같이 생각해 보세요. '이 성당에서 바치는 기도에 효과가 없지는 않을 것이다. 기도하는 장소인 교회가 이 마을에, 이 도시에, 이 지역에 있다. 교회는 수많은 사람이 바치는 기도가 이 세상에서 무언가를 변화시킨다는 희망의 표지다.'

그다음에는 이렇게 생각해 보세요. '이곳에서 좋은 에너지가 나와 세상 속으로 흘러 들어간다. 기도 소리가 천지를 진동하면서 악의 세력이 뒤흔들리고 사회의 불의한 구조가 무너진다.'

그러고 나서 당신 이전에 많은 사람이 바친 기도의 물결에 합류하고 세상을 위해 기도하세요. 이때 사적인 말로 기도할 수 있습니다. 아주 천천히 '주님의 기도'를 바쳐도 됩니다. 이제 당신은 이 성당에서 '주님의 기도'를 바쳤고, 삶의 위기를 극복한 모든 사람과 결속되었다고 느낍니다. 당신의 기도가 아무런 효과 없이 남아 있지는 않을 것입니다. 세상에서 일어나는 불운한 일들에 당신이 아무것도 할 수 없다는 생각이 들더라도, 무언가 변화되고 있다는 것을 믿으세요.

　　기도 후에 당신이 변화되어 밖으로 나오면 더 유익한 다른 빛이 당신에게서 흘러나올 것입니다. 이 빛이 물결치면서 퍼져 나갈 것입니다.

♪ 추억은 생기를 준다

일상에서 일이나 활동에 파묻히지 않으려면 멈춤이 필요합니다. 줄곧 앞으로만 내달리는 흐름을 중단하고 '닻'을 내려야 합니다. 멈추는 것과 추억하는 것은 유익합니다. 충만한 삶을 살기 위해서는 추억을 떠올려야 합니다. 추억은 현재와 우리가 살아온 삶을 연결하고, 우리를 삶의 뿌리와 접촉하게 합니다. 지금을 잘 살기 위해서는 이 뿌리가 필요합니다.

뿌리 없음은 인간을 병들게 합니다. 스위스 심리학자 다니엘 헬Daniel Hell은 뿌리 없음의 체험을 오늘날 더 빈번히 나타나는 우울증의 원인으로 봅니다. 추억은 우리를 뿌리내리게 하고 삶에서 했던 체험들과 연결합니다. 우리가 향수에 젖은 채 빛났던 과거에 갇혀 현실을 거부한다면, 추억은 현실도피가 될 수도 있습니다. 그러나 좋은 추억은 우리를 살게 하고 현재를 풍요롭게 하는 원천입니다. 또한 현재의 어려움을 슬기롭게 극복하도록 경험과 통찰력을 선사하여 미래도 잘 펼쳐 나가게 합니다. 다른 사람들과의 관계뿐만 아니라 자신의 삶을 꾸려 가고 의미를 부여하기 위해서 유념할 말이 있습니다. 나이가 들수록 추억들이 더 중요하다는 것입니다. 좋은 기억은 우리가 확신을 품고서 미래로 나아가는 데에 필요한 조건입니다. 영성 작가이자 심리학자인 헨리 나웬Henri Nouwen 신부는 우리가 품은 희망은 추억 위에 세워진다고 확신했습니다. "추억이 없으면 기대도 없다. 우리가 서로에게 줄 수 있는 가장 좋은 것들도 아름다운 추억의 일부라는 사실을 우리가 늘 의식하는 건 아니다."

소설가이자 시인인 장 파울Jean Paul은 언젠가 이렇게 말했습니다. "추억은 우리를 추방하지 않는 유일한 낙원이다." 이는 과거를 미화하는 게 아니라 다음과 같이 통찰한다는 뜻입니다. 자신이 간직한 추억의 기록을 읽는 사람은 혼자 있는 게 아닙니다. 그는 현재 직면한 힘든 상황을 견디고 난관을 극복할 수 있습니다. 지금까지 살아오면서 얻은 삶의 지혜와 힘을 추억을 통해 나누어 받기 때문입니다. 동시에 그는 하느님 또는 다른 사람들에게서 받은 도움을 떠올립니다. 지난날을 돌아보며 많은 것이 잘 이루어졌다는 사실에서 지지를 얻을 수도 있습니다. 하느님이 자신의 삶을 이끌어 주셨음을 깨닫기도 합니다.

헨리 나웬은 추억을 우리가 간직한 내적 보물로도 봅니다. "우리는 나이가 들면서 점점 더 많이 추억을 떠올린다. 우리가 가지고 있는 대부분이, 아니 전부가 추억임을 언젠가 알아차리게 된다." 나웬에게 중요한 것은 추억을 떠올리는 방식입니다. 어떤 사람들은 지난날을 회상하며 문제에 매달리거나 심지어 죄책감에 시달립니다. 상처와 자신이 놓친 기회만 떠올리는 사람들도 있습니다. 그런 추억들은 우리를 억누릅니다. 그러나 상처를 치유할 수 있는 유익한 추억도 있습니다. 이와 관련해 현대 철학자 막스 셸러Max Scheler는 다음과 같이 기술합니다. "추억하는 것은 이미 일어난 일이나 사건이 지닌 은밀한 힘에서 벗어나기 위한 출발점이다." 우리는 추억하면서 이미 일어났던 일에 대해 새로운 태도를 지니게 됩니다. 과거에 의해서 자신의 존재를 규정하지 않고, 과거를 활기와 자유의 원천으로 전환합니다.

당신이 살아온 삶은 특별한 책이다

시간을 내어 당신이 살아온 삶의 기록을 읽어 보세요. 편안하게 앉아 어린 시절을 떠올리세요. 어떤 상황이 떠오르나요? 그 상황들이 당신에게 무슨 말을 하나요? 삶의 여러 시기가 담긴 사진들도 도움이 될 수 있습니다. 어린 시절의 사진들을 바라보세요. 어린 당신의 얼굴과 눈에서 무엇을 발견할 수 있나요? 무엇이 그 아이를 움직였나요? 무엇이 그 아이를 열광하게 했나요? 그다음에는 청소년기, 젊은 시절의 사진들로 시선을 돌리세요. 갓 성인이 되었을 때 자신을 어떻게 느꼈나요? 어떤 결정적인 체험들이 청소년기나 젊은 시절의 당신에게 영향을 미쳤나요? 최근 몇 년간의 삶의 기록을 계속 읽으세요. 끝으로 다음과 같이 자문해 보세요. '나는 누구인가? 무엇이 지금의 나를 형성하는가? 삶의 다양한 시기를 끝까지 견디어 온 유일한 사람은 누구인가? 하느님은 나에게 무슨 말을 하려고 하셨나? 나는 내 삶으로 다른 사람들에게 무엇을 전해 주고 싶은가?'

이제 당신의 삶에 대해 하느님께 감사하세요. 감사의 안경을 끼고 삶의 모든 시기를 바라보세요. 살아 있음의 신비가 점점 더 뚜렷해질 것입니다. 인생을 돌아보면 흥미진진한 책을 읽는 듯합니다. 당신의 삶은 결코 다 읽을 수 없는 책입니다. 그 안에서 새로운 것을 거듭 발견하게 될 테니까요.

♪♪ 삶이 무엇인지 사람들의 말을 들어 보라: 노인들의 이야기에 귀 기울이라

공감이 없다면 우리는 잘 살 수 없습니다. "누군가가 하늘에 올라가 자연 세계와 아름다운 별들을 바라보아도 놀라운 광경에 매료되지 않을 수 있다. 그러나 그것에 대해 자신이 하는 말을 들어줄 단 한 사람이 있다면 그는 매우 행복할 것이다." 고대 로마 사상가인 키케로의 이 말은 오늘날의 일상에서도 통합니다. 우리는 서로의 말에 귀 기울이고 마음을 여는 가운데 힘을 얻습니다. 이렇게 소통하고 경청하며 공감하는 것은 긍정적이고 힘을 주며 행복한 순간이기도 합니다.

우리는 자신과 다른 사람들을 위해서 그런 체험을 끊임없이 할 수 있습니다. 한 가지 구체적인 방법은 노인들을 '이야기하는 저녁 시간Erzählabend'에 초대하는 것입니다. 이는 그들에게도 우리 자신에게도 좋은 영향을 미칩니다. 이 아이디어를 실행에 옮기기는 쉽습니다. 몇몇 노인에게 자신의 삶을 이야기해 달라고 청하기만 하면 됩니다. 그들의 이야기를 들으며 우리는 기본적이면서도 중요한 점을 배울 것입니다. 모든 운명은 고유한 가치를 지닌다는 사실입니다. 노인들과 대화를 나누면서 그들이 당시에 어떻게 느꼈는지, 특정한 상황에 직면했을 때 어떤 마음이 들었는지 이따금 묻습니다. 노인들은 우리의 관심을 감지하고 자신들이 존중받는다고 느낍니다. 관심을 기울이면서 경청하고 질문한다면, 삶의 경험을 나누어 받고 모든 운명이 고유한 가치를 지녔음을 깨닫게 됩니다. 그들의 과거를 아는 것으로 그치지 않고, 새로운 눈으로 자신의 역사도 바라봅니다. 그들이 살아온 삶의 역사는 우리가 자신을 재인식하고 정확히 아는 거울이 됩니다. 그들이 살아가면서 겪은 온갖 난관을 어떻게 극복했는지, 나였다면 그런 힘든 상황을 어떻게 이겨 냈을지 깊이 생각할 때, 노인들의 삶은 우리 자신의 인생을 잘 살아가라는 도전으로 다가옵니다.

    노인들의 말을 들으면서 배울 점이 더 있습니다. 자신이 살아온 삶과 화해하는 것이 얼마나 중요한지 아는 것입니다. 제 어머니는 본당에서 오랫동안 여성 단체를 이끌었습니다. 매주 월요일 오후면 연로한 여성들이 한자리에 모여 함께 커피를 마시며 담소를 나누었습니다. 어느 여성은 매번 손수 과자를 구워서 가져왔습니다. 젊은 사제였을 때 저도 그 자리에 참석한 적이 있습니다. 그들은 자신의 생애와 함께한 모든 일을 이야기했습니다. 저는 그들이 그렇게 성실하게 임하는 것에 놀랐습니다. 그들은 자신의 삶을 더는 떠벌릴 필요가 없었습니다. 인생의 쓴맛과 단맛, 성공과 실패를 꾸밈없이 이야기해 주었습니다. 듣는 사람들은 당사자가 이야기한 것을 평가하지 않았습니다. 마음을 활짝 열고 내적으로 공감하며 경청했습니다. 이는 그 자리에 있는 이들에게 일종의 치유 시간이었습니다. 그들은 굳세어졌고 종종 내적으로 해방되었습니다. 이야기를 하면서 자신이 살아온 삶과 화해했습니다. 이는 경청한 이들에게도 유익했고 그들을 더 깊이 결속했습니다.

이러한 경험은 아이들에게도 이롭습니다. 유치원에서는 때때로 노인들을 초대하여 '이야기 시간Erzählstunde'을 가집니다. 아이들은 자신들과 전혀 다른 사람들과 함께 시간을 보내면서 즐거움과 기쁨을 맛보는 것으로 그치지 않습니다. 노인들과 교류하고 그들의 어린 시절과 삶에 대해 들으면서 세상과도 관계를 맺습니다. 아이들이 이야기에 귀 기울이며 관심을 보이고 질문하는 것은 노인들에게도 좋은 일입니다. 몇몇 노인들이 겪었을 외로움이나 고립

감도 줄어듭니다. 누군가가 온갖 난관에도 불구하고 인생을 잘 살아왔다는 것을 구체적으로 아는 것은 아이들에게 좋은 영향을 줍니다. 앞날이 창창한 아이들에게 자신도 삶을 개척할 수 있다는 희망을 선사하기 때문입니다. 여기서도 중요한 사실이 있습니다. 노인들이 듣는 이들에게 끊임없이 도덕적 훈계를 늘어놓지 않고도 단순히 이야기하는 능력을 지니고 있다는 점입니다. 어떤 의도 없이 진솔하게 이야기함으로써 아이들의 마음을 건드리고 그들이 자신의 삶을 주도하도록 용기를 불어넣어 줍니다.

가을날 체험하기

노인들의 이야기를 듣고 그들이 어떤 의도 없이 들려주는 인생 이야기에 귀 기울이는 것은 우리가 가을에 자연 속에서 할 수 있는 체험과 비슷합니다.

가을 옷으로 갈아입은 나무 옆에 앉아 곱게 물든 나뭇잎들을 관찰하세요. 가을의 색채는 부드럽고 온화합니다. 이는 온화한 눈빛으로 스스로를 바라보라는 초대입니다. 가을의 색채는 다양하기도 합니다. 이를 거울로 삼아 삶의 다채로움을 인식해 보세요.

나뭇잎들이 바람에 흔들리는 모습, 땅으로 천천히 떨어지는 모습을 관찰하세요. 이 역시 당신을 위한 하나의 상징입니다. '나는 무엇을 내려놓아야 할까? 내 안에서 새로운 것이 싹터 자라려면 무엇이 땅에 떨어져야 할까?' 이렇게 낙엽을 삶의 상징으로 느껴 보세요. 라이너 마리아 릴케가 쓴 〈가을〉이라는 시의 마지막 연을 읊조려 볼 수도 있습니다.

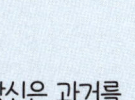

우리는 모두 떨어진다 여기 이 손도
다른 이들을 보라 모두 떨어진다
그러나 이 떨어지는 것을 받아 주시는 분이 계신다
한없이 다정한 두 손으로

이 시구가 당신을 깊은 내적 평화로 채울 것입니다. 당신은 과거를 내려놓는 가운데 보호받고 있다고 느낍니다.

♪♪ 일이 끝나면 쉼이 찾아온다: 일을 마치고 완성하라

우리는 어떤 일을 시작하기 전에 의식적으로 자신에게 시간을 허용해야 합니다. 일을 마칠 때도 마찬가지입니다. 올바른 태도를 지녀야 자신이 한 일이 좋은 성과를 내고 마음도 평온해질 수 있습니다.

많은 사람이 하던 일을 제대로 마치지 않습니다. 하루 종일 분주하게 이 일을 하다가 저 일로 넘어갑니다. 집으로 돌아와서도 바깥일의 '문'을 닫지 않습니다. 그러면 집안일의 '문'도 열리지 않습니다. 어떤 사람들은 이렇게 말합니다. "저는 쉬지 못합니다. '전원'을 끌 수가 없어요. 퇴근하고 집으로 돌아와서도 생각은 여전히 일에 가 있습니다. 집에서도 모든 일을 끝내려고 하지만, 도저히 정신을 차릴 수가 없어요."

어떤 사람들은 근무 시간이 끝나면 자리에 3분 더 앉아 있습니다. 일하면서 느꼈던 모든 것을 숨을 내쉬면서 내

보내기 위해서입니다. 그렇게 목적의식을 가지고 내적 불안정에 맞서 무언가를 시도합니다.

많은 사람이 일에 매이지 않기가 어렵다고 말합니다. 만일 당신도 그렇다면 무조건 머리를 비워야 합니다. 늘 자신에게 '더 이상 일을 생각하지 않겠어'라고 말만 하는 것은 아무런 도움이 되지 않습니다. 생각은 지금 자신을 괴롭히는 문제로 다시 돌아갈 것입니다. 이런 상황에서는 머리에서 몸으로 내려와 다음과 같은 몸짓을 취하는 것이 바람직합니다.

집에 있다면 십자가 혹은 성화나 성상 앞에 서서 두 손바닥을 그릇 모양으로 펼쳐 놓으세요. 그런 다음 당신의 불안, 걱정, 고민, 머릿속을 맴도는 생각을 하느님께 내보이며 이렇게 말하세요. "저는 이 모든 것에 대응할 힘이 없습니다. 이것들을 당신께 맡기오니 변화시켜 주십시오." 이런 몸짓을 취할 때 중요한 것은 생각들과 싸우지 않는 것입니다. 그렇지 않으면 생각들은 힘이 더 세질 뿐입니다. 머릿속을 오가는 여러 가지 생각, 불안, 이 모든 것을 그대로 내버려둡니다. 그것들을 하느님께 내어놓습니다. 그러고 나면 방향이 바뀝니다. 머릿속에서 뒤엉켜 있는 것들이 모입니다. 당신은 불안을 통해 하느님과 결속되고 서서히 담담

해집니다. 자신과의 싸움을 그만두고 마음속 분열을 받아들이며 자신에게 "예" 하고 말할 수 있습니다. 이제 당신은 더 평온해집니다.

어떤 사람들은 일터에서 집으로 돌아올 때 버스나 전철에서 보내는 시간을 활용하여 책을 읽습니다. 책을 읽으면서 그들은 다른 세계로 들어갑니다. 자신에게 유익을 주는 세계로 빠져듭니다. 그 세계는 일로 인한 부담을 내려놓게 하거나 다른 빛을 비추어 줍니다. 책을 읽으면서 자신을 느끼고 마음과 접촉합니다. 그리하여 집에 도착하면 다시 똑바로 서 있게 됩니다.

직장에서 일을 마치고 일부러 걸어서 귀가하는 사람들도 있습니다. 걷는 시간은 30분가량입니다. 걸으면서 해방감을 맛볼 수 있습니다. 하루 종일 큰 부담을 주고 마음을 짓눌렀던 일에서 벗어나 자유로이 걸어갑니다. 그러면서 집에서 자기를 기다리고 있는 가족, 자신의 마음을 움직이는 아이들, 배우자, 연로한 부모를 생각합니다.

우리는 하던 일을 의식적으로 끝내야 합니다. 일상의 업무에서 벗어나야 집에서 나를 기다리고 있는 것에 오롯이 몰두할 수 있습니다. 일을 마치는 것도 결국 하나의 영적 행위임을 성경이 보여 줍니다. 성경은 일을 마치는 것이 중요하다고 말합니다. 창조 설화는 하느님에 관해 다음과 같이 보도합니다. "하느님께서는 하시던 일을 이렛날에 다 이루셨다. 그분께서는 하시던 일을 모두 마치시고 이렛날에 쉬셨다"(창세 2,2). 하느님이 쉬셔야 비로소 그 일은 완성됩니다. 쉼은 일이 완성되는 과정에 속합니다. 칠십인역(구약성경의 그리스어 번역본)은 이 문장에서 '완성하다'에 해당하는 '신텔레인*syntelein*'이라는 독특한 단어를 사용합니다. 하느님이 쉼을 통해 일을 마치셨을 때야 비로소 그 일이 완성된다는 뜻입니다. 이 단어를 보면 '함께'라는 뜻의 '신*syn*'이 앞에 붙어 있습니다. 이에 비추어 다음과 같이 말할 수도 있습니다. 일과 내가 연관되기 위해서는 쉼이 필요합니다. 나는 쉬면서 감사한 마음을 지니고 내가 해낸 일을 되돌아봅니다.

쉼을 통해 일을 완성하지 않는다면 그 일은 나에게서 빠져나간 것과 같습니다. 일은 더 이상 내게 속하지 않고 하느님께 감사드리며 바라볼 수 있는 나의 작품도 아닙니다. 쉼에는 하느님의 시선이 담겨 있습니다. "하느님께서 보시니 손수 만드신 모든 것이 참 좋았다"(창세 1,31). 칠십인역은 이 문장에서 '칼로스*kalos*'라는 단어를 씁니다. 하느님이 보시기에 모든 게 매우 아름다웠다는 뜻입니다. 일을 마치고 쉬면서 바라보아야 그 일이 나에게 아름다워집니다. 독일어로 '아름다운schön'은 '바라보다schauen'와 연관되어 있지만, '소중히 여기다, 보호하다schonen'와도 맞닿아 있습니다. 내가 하는 일을 다정하게 바라보고 거기서 생겨난 아름다움을 발견할 때 그리고 내가 하는 일을 소중히 여길 때 그 일이 완성됩니다. '신yn', 즉 내가 하는 일과 나의 관계는 소유가 아니라 유대로 표현됩니다. 우리, 곧 나와 일은 긴밀히 연관되어 있습니다. 그러나 일은 내가 내세울 수 있는 소유물이 아닙니다. 이런 맥락에서 성경은 일의 완성이 결국 하나의 영적 행위라고 가르칩니다. 그런 마음가짐을 지닐 때 일은 우리에게 유익합니다. 우리는 자신을 쉬지 않고 돌아가는 다람쥐 쳇바퀴처럼 느끼지 않습니다. 쉼은 일을 완성하고 그 일을 내가 하는 일로 만듭니다. 나는 나 자신과 내 손으로 해낸 일에 감사함을 느낍니다.

의식적으로 문턱 넘기

일을 마치면 그 문을 닫는 것이 바람직합니다. 그래야 집 안의 문들도 열리고 새로운 공간으로 들어설 수 있습니다. 바깥일의 '문'을 닫지 않는 사람은 늘 일하고 있는 것처럼 보입니다. 이는 영혼에 해롭습니다.

적어도 현관문을 닫으면서 이제 일은 문밖에 두고 새로운 공간으로, 집 안으로 들어섰다고 생각하세요. 예전에는 사람들이 바깥일을 마치고 집으로 돌아오면 자기만의 '문턱 예식 Schwellenritual'을 행했습니다. 현관에 비치된 성수대에 담긴 성수를 찍어 십자성호를 그었습니다. 이는 밖에서 일하는 동안 생긴 갈등이나 쓸데없는 소리로 인한 혼탁함을 씻어 내는 것과 같습니다. 그리고 이렇게 생각했습니다. '이 모든 혼탁함을 문밖에 둔다. 이제 집에 온 것을 즐기자. 맑고 정화된 마음으로 집에 들어가자.'

♪♪ 다른 사람에게 시간을 선사하라: 당신이 더 풍요로워질 것이다

다른 사람에게 기쁨을 주면 자신도 행복해집니다. 누군가에게 선물하는 사람은 자신도 선물을 받는 것입니다. 크리스마스나 생일이면 많은 사람이 누군가에게 무엇을 선물할지 고민합니다. 하지만 일상에서도 기회는 많습니다. 다른 사람에게 시간을 내주는 것도 멋진 선물이 아닐까요? 외로운 사람에게, 배우자에게, 자녀에게 시간을 선사해 보세요. 시계를 보지 말고 실제로 시간을 선물하세요.

"정말로 가치 있는 시간은 계산되지 않는다." 시간 전문가인 카를하인츠 가이슬러Karlheinz Geißler가 한 말입니다. 이런 의미에서 예컨대 가족과 함께 그런 시간을 만들 수 있습니다. 의식적으로 배우자나 자녀와 이야기할 시간을 가집니다. 하지만 그것을 공표하지는 않습니다. 아이들에게 요즘 어떻게 지내는지 묻는 것은 자연스러워야 합니다. 지금 몰두하는 게 무엇인지 이야기하게 하면서 내가 그들에게 관심이 있음을 보여 줍니다. 또는 자녀와 함께 긴 산책을 하면 평소에는 어려움이 있더라도 좋은 대화를 나눌 수 있습니다. 아모스 예언자는 이렇게 말합니다. "두 사람이 약속하지 않았는데도 같이 갈 수 있겠느냐?"(아모 3,3). 누군가에게 시간을 내주는 것은 단순히 일정을 잡는 것이 아닙니다. 나에게도 매우 이롭습니다. 좋아하는 사람을 위해 시간을 쓸 때는 시계를 들여다보지 않습니다. 누군가와 대화를 나누고 함께 어울리고 산책하며 시간을 보낸다면, 밤에 하루를 돌아보면서 그 사람과 더 가까워졌을 뿐만 아니라 나 자신과도 친밀해졌음에 감사할 것입니다.

꼭 필요한 일에는 시간을 낭비한다고 생각하지 않습니다. 우리는 서로를 위해 시간을 내놓습니다. 이렇게 다른 사람에게 시간을 내줄 때 자기 자신에게도 시간을 할애할 수 있습니다.

서로에게 시간을 선사한다면 일상에서도 서로에게 복이 될 수 있습니다. 루카는 마리아와 엘리사벳의 '만남'에 대한 아름다운 이야기를 전해 줍니다. 마리아는 자신에게 익숙한 것들을 뒤로 하고 용기를 내어 길을 떠납니다. 마리아는 산을 넘어갑니다. '산'은 누군가를 만나지 못하게 가로막는 선입견이나 장애물을 상징합니다. 우리는 상대방이 시간이 없다고 생각합니다. 아마도 내가 방문하는 것이 반갑지 않을지도 모른다고요. 그렇지만 마리아는 모든 선입견과 장애물을 뛰어넘고 갑니다. 즈카르야의 집에 들어가 엘리사벳에게 인사합니다. 그때 엘리사벳의 태 안에서 아기가 뜁니다. 젊은이는 노인에게 복이 됩니다. 마리아를 통하여 엘리사벳은 생기를 얻습니다. 늙은 여인은 젊은 여인을 축복합니다. 이는 우리가 마리아처럼 용기를 내어 길을 떠나 외로운 사람을 찾아갈 때 서로에게 복이 됨을 보여 주는 아름다운 표상입니다.

  이 이야기가 우리에게 어떤 영감을 줄 수 있을까요? 시간에 구애받지 않는 한 가지 방법이 있습니다. 누구를 방문할지 깊이 생각하는 것입니다. 오랫동안 연락하지 못한 옛 친구가 떠오를 수 있습니다. 또는 공동체의 외로운 사람을 생각합니다. 그런 외로운 사람을 방문하려고 하면 종종 장애물이 등장합니다. 이때 우리는 이렇게 생각합니다. '그 사람이 불편하지 않을까? 집을 정리해 놓지 않아서 난처해하지 않을까?' 요즘은 무작정 찾아가서 벨을 누르기보다 전화로 미리 약속을 잡는 것이 확실히 합리적입니다. 물론 상대방이 반기지 않을 수도 있습니다. 하지만 적어도 시도는 한 것이지요. 외로운 사람은 누군가가 자기를 생각한다는 것에 기뻐할 겁니다. 이러한 방문을 특별한 일로 만들지 말고 그저 "만나서 이야기를 좀 나누고 싶어요"라고 말하는 것이 좋습니다. 어쩌면 상대방이 놀랄 수도 있습니다. 하지만 우리는 통화하면서 상대방이 자기를 방문하는 것에 대해 진심으로 기뻐하는지 아닌지를 이미 알게 됩니다. 그 사람을 방문하면 이는 분명히 두 사람 모두 서로에게 시간을 선사한 것입니다. 우리는 새로운 인생 경험을 하게 될 테고 상대방의 이야기에 마음이 깊이 움직입니다. 그 사람의 인생 경험에 비추어 자기 자신과 삶을 다른 시선으로 바라보게 됩니다. 그렇게 우리는 선물을 받고 다시 집으로 돌아갈 것입니다.

자기 자신과 다른 사람에게 시간을 선사하라

자기 자신에게 시간을 선사하는 것으로 이 의식을 시작하세요. 자리에 편하게 앉으세요. 자신에게 단순히 앉아 있는 시간을 주는 것입니다. 자리에 앉아서 책을 읽거나 지금 무엇이 당신을 움직이는지 바라볼 수도 있겠지요. 이는 특정한 목적을 지향하지 않는 시간입니다. 이 시간에는 무언가를 해낼 필요가 없습니다. 그저 자리에 앉아 있습니다.

    이렇게 자신의 시간을 보내면서 누군가에게 시간을 선사하면 어떨지 더 생생하게 그려 볼 수 있습니다. 지금 머릿속에 떠오르는 사람과 시간을 보내는 일이 상대방에게 유익할지 깊이 생각하세요. 이를 어떤 방법으로 하고 싶은지 숙고하세요. 가장 좋은 방법은 즉시 전화를 거는 것입니다. 아니면 적어도 그 사람에게 전화할 시간을 정하는 것입니다. 전화를 걸어 방문하고 싶다는 의향을 전하고 상대방의 상황이 어떤지 물으세요. 상대방이 방문을 부담스러워하거나 꺼리더라도, 당신은 적어도 시도했으니 스스로 만족할 수 있습니다. 자신을 가로막는 장애물을 뛰어넘어 누군가와 소통하는 일을 실천했으니까요.

♪♪ 아이와 함께 놀기:
아이의 세계로 들어가라

많은 아버지가 저녁에 피곤하거나 지쳐서 집으로 돌아옵니다. 아이들은 벌써부터 아빠를 손꼽아 기다리며 아빠가 자기와 함께 놀아 주기를 바랍니다. 이러한 아버지들이 전하는 경험은 늘 긍정적입니다. 아이들과 놀고 나면 30분간 편히 쉬거나 잠을 자거나 꾸벅꾸벅 조는 것보다 훨씬 더 생기를 얻는다고 합니다. 아이들은 즐겁게 노는 일에 푹 빠집니다. 아이들은 진심으로 기뻐하고 깡충깡충 뛰며 즐거움을 온몸으로 표현합니다. 이 기쁨은 위로 솟구칩니다.

    어느 아이의 아버지가 저에게 들려준 이야기가 이를 잘 드러냅니다. "저는 이따금 이런 느낌이 듭니다. '나(아빠)는 지금 그저 쉬고 싶어. 피곤하고 기운이 없어.' 그러나 막상 아이들과 신나게 놀면 전혀 힘들지 않고 오히려 몸이 회복됩니다." 이는 언제나 아이들과 함께 놀 때의 내적 태도, 마음가짐에 달려 있습니다. 아버지로서 책임을 다하지 못해

드는 죄책감을 덜기 위해 아이들과 놀아 준다면 오히려 무거운 짐이 되었을 것입니다. 그렇지만 할 일을 끝낸 뒤에 아이들과 노는 것이 나에게 유익하다고 생각할 수도 있습니다. 다른 세계로, 놀기 좋아하고 목적에서 벗어난 아이의 세계로 들어간다고 생각하면 놀랍게도 회복됩니다. 그러면 '내면의 아이'와 접촉할 수 있습니다. 이 '내면의 아이'는 언제나 영감과 창의성, 자유와 가벼움의 원천입니다.

왜 노는 것이 유익할까요? 아이들과 놀 때 활기를 주는 게 무엇일까요? 우선 아이들의 내면에는 늘 새로운 생각들이 숨어 있습니다. 천진난만함은 우리에게 도움이 됩니다. 특히 일하면서 완전히 합리적으로 생각하고 논증해야 할 때 그렇습니다. 놀면서 나 자신과 걱정거리를 잊을 수도 있습니다. 놀이에 몰두하면서 내 안에 있는 천진난만하고 경쾌한 면과 교류합니다. 이는 나에게 이롭습니다. 나를 내적으로 더 가볍고 느슨하게 합니다. 대개는 굉장히 신납니다. 내면에서 근원적 기쁨을 감지합니다. 또한 내적 쇄신과 활기를 주는 '내면의 아이'와 교류합니다. 이 아이는 존재의 가벼움을 깨닫게 합니다. 이제 삶을 더 가볍게 받아들이고 내가 하는 일과 함께 더 발전할 수 있습니다. 일에도 천진난만함을 가져올 수 있습니다. 그러한 태도를 지니면 긴장감이 점차 사라지고 종종 자신에게 가하던 압박에서도 벗어날 수 있습니다.

그렇게 아이는 나 자신의 '내면의 아이'와 만나게 해 줍니다. 우리는 아이 안에서 신선함과 순수함을 지각합니다. 아이는 아직 우리의 기대에 부응하지 않습니다. 아이는 우리의 사랑과 보살핌에 의존하더라도 주도적인 삶을 살아갑니다.

저는 오래전에 휴가 때 형제자매들의 집에 가면 항상 어린 조카 안아 주기를 좋아했습니다. 많은 사람이 저처럼 아이들을 안아 줍니다. 그들은 자기 품에 안겨서 모든 미소에 활짝 웃으며 화답하는 어린아이에게 매료됩니다. 저는 아이를 품에 안으면서 '내면의 아이'와 접촉합니다. 그러면서 제 안에 있는 사랑, 아이의 경쾌함과 자유로움을 감지합니다. 그리고 세상에 둘도 없는 이 유일무이한 아이를 놀라운 눈으로 바라봅니다. 아이는 누구와도 전혀 같지 않고 이미 그 존재 자체로 고유한 빛을 발합니다.

'내면의 아이'를 발견하라

자리에 편안히 앉아서 눈을 감으세요. 어린 시절에 당신이 어떻게 놀았는지, 무슨 놀이를 했는지 떠올려 보세요. 지치지 않고 몇 시간씩 놀 수 있었던 곳은 어디였나요? 놀이에 푹 빠졌던 곳은 어디인가요?

단순히 추억에만 잠기지 말고 자기 자신에게 물어보세요. '무엇이 나를 그토록 사로잡았을까? 내 마음을 활짝 열어 주었던 그 놀이가 지금 나에게 무엇을 의미할까? 그것은 내가 지금 하는 일에 어떤 의미가 있을까?'

어린 시절의 놀이를 그때 당신의 영혼이 그리려 했던 것의 표상으로 받아들이세요. 놀이를 오늘 당신이 하는 모든 일의 내적 본보기로 삼을 수도 있습니다. 예컨대 놀이 속에서 당신의 고유한 세계를 만들었다면, 당신이 하는 모든 일에서 가정의 아버지/어머니로서, 또는 이 일이나 저 일을 하면서 항상 당신 주변에 고유한 세계를 만들고 있는지 깊이 생각해 보세요. 어린 시절에 장난감 기차 놀이를 좋아했다면, 오늘 당신이 움직이고 싶은 게 무엇인지 곰곰이 생각해 보세요. 지금 당신 삶의 다양한 노선을 연결할 수 있는 곳이 어디인지요. 인형 놀이를 좋아했다면 인형으로 무엇을 표현했는지 생각해 보세요. 당시에 상상했던 세상을 오늘날 사람들과 만나면서 어떻게 만들 수 있는지요.

어린 시절에 즐겼던 모든 놀이를 지금 당신이 하는 일의 표본으로 바라보려고 애쓰세요. 어린 시절의 놀이가 당신에게 보여 주려는 표상과 교류하는 가운데 내면에서 솟아나는 새로운 에너지를 감지할 수 있습니다. 당신은 이렇게 느낍니다. '그래, 그게 나야. 내가 살고 일하고 세상을 움직이고 싶었던 나만의 방식이야.'

당신은 내면에서 기쁨과 힘의 원천을 지각할 것입니다. 이 샘에서 당신의 일과 삶을 위한 물을 길어 올릴 수 있습니다.

♪ TV도 다른 시각으로 보라: 세상을 새롭게 바라보게 한다

TV를 보는 것이 많은 사람에게 일상의 일부가 되었습니다. 예를 들어 독일에서는 50대 이상 사람들의 TV 시청 시간이 하루에 5시간이 넘는 것으로 추산합니다(318분). 많은 사람이 이 매체를 통해 세상이 어떻게 돌아가는지 압니다. 어쩌면 그것이 사람들의 하루를 구성하는 요소일 겁니다.

저는 다릅니다. TV 시청은 제가 매일 행하는 의식에 속하지 않습니다. 저는 휴가 때만 가끔 뉴스를 시청합니다. TV 뉴스를 보는 것은 신문에서 어느 정치가의 견해나 어딘가에서 일어난 사건·사고 기사를 읽는 것과 다르고, 제가 사람들을 아는 것과도 차이가 있습니다.

저는 TV에 나오는 사람들의 말을 들으면서 그들이 저에게 어떤 영향을 미치는지 주의 깊게 살펴봅니다. 그들의 말을 들을 뿐만 아니라 화면에 보이는 사람을 느끼며 그 사람을 신뢰할 수 있는지 없는지 직감합니다. 재난이나 군

사적 충돌이 일어나는 지역에 관한 영상을 볼 때는 감정이 동요합니다. 곤경에 처한 사람들의 고통을 외면할 수 없습니다. 그런데 TV 화면에 비친 사람들이 겪는 극심한 고통에 마음이 짓눌리고 힘들다는 이유로 그 장면을 더 이상 바라보려 하지 않는 이들도 있습니다. 그래서 영적 시선으로 TV를 보는 것이 중요합니다. 이는 무엇을 의미할까요?

'영적spirituell'이라는 말은 저에게 이런 뜻입니다. 대상을 예수님의 영으로 바라보는 것입니다. 예수님의 영은 자비의 영입니다. 그분은 평가하지 않으십니다. 따라서 저는 사람들을 판단하지 않고 단순히 인지하고자 애씁니다. 자비의 영은 연민과 공감으로도 표현됩니다. 따라서 저는 전쟁의 혼란에 시달리거나 천재지변으로 고통받는 사람들에게 공감합니다. 그러나 이러한 연민이 더는 행복하게 지낼 수 없을 정도로 나를 짓누르게 해서는 안 됩니다. 그러므로 연민에는 항상 당사자들을 위한 기도도 필요합니다. 기도하면서 저는 고난을 겪는 사람들을 하느님께 맡깁니다. 기도를 내가 그들의 고통에 더 나서지 않는 구실로 삼아서는 안 됩니다. 그러나 TV 속 고통받는 모든 사람을 위해 내가 일일이 뛰어들 수는 없습니다.

기도는 그들을 돕지 못하는 나의 무력함을 하느님에

대한 신뢰로 바꾸어 줍니다. 고통받는 사람들이 홀로 버려지지 않았고 하느님이 그들의 부르짖음을 들으신다는 신뢰 말입니다. 기도는 온갖 불의와 악의에도 불구하고 이 세상이 하느님의 손안에 있으며 그분의 손에서 떨어져 나갈 수 없다는 희망을 굳세게 합니다. 이런 맥락에서 TV 시청은 영상을 통해 내 마음을 움직이는 모든 사람을 위해 기도하라는 부르심이 될 수 있습니다. 나는 그들을 하느님께 맡기고 이들의 고통을 축복으로 바꾸어 주시기를 바랍니다. 이제 TV를 본 뒤에 나 자신과 지금 고통받는 모든 사람을 하느님의 축복과 보호에 의탁합니다. 그들의 고통에 끌려가지 않고 하느님의 축복 아래 모든 사람과 결속되어 있다고 느낍니다.

뉴스를 다른 시각으로 보라

뉴스를 보는 것도 하나의 의식으로 만들 수 있습니다. 어느 정치인이 TV에 나와서 무언가를 말하면 그를 지지하거나 반대한다며 평가하기를 그만두십시오. 오히려 그 사람을 위해 기도하세요. "주님, 그를 축복해 주십시오. 그에게 지혜를 주시어, 그가 내리는 결정들이 사람들에게 복이 되게 해 주십시오." 재해나 전쟁, 테러가 일어난 모습을 보면 그 지역에서 불행을 겪는 사람들을 위해 기도하세요. "주님, 당신의 보호하시는 손을 이 사람들에게 펼치십시오. 그들에게 천사를 보내시어 절대 포기하지 않도록 희망을 품게 해 주십시오."

이런 방식으로 모든 보도에 기도로 응답하세요. 뉴스의 마지막 순서인 일기예보가 끝나면, 지금 고통받고 있는 사람들이 이 좋은 날씨를 즐기고 기쁨과 확신에 차서 내일을 시작할 수 있도록 그들을 위해 기도하세요.

🎵 동물과 교감하라: 활기를 얻을 것이다

동물은 존재 자체로 기쁨을 선사합니다. 이는 불교의 대가로 알려진 스즈키 로시Suzuki Roshi가 다음과 같이 자주 말했던 이유일 겁니다. "인간은 참으로 개와 고양이에게 절을 해야 한다." 절하는 것은 존중의 행위요 공감의 표현만이 아니라, 인간이 동물들에게 좋은 것을 배울 수 있기 때문입니다. 개와 고양이는 우리에게 존재의 기쁨을 보여 주고 또 가르쳐 줍니다.

코로나 위기 때 독일에서 동물을 키울 수 있느냐고 동물보호센터에 문의한 사람들이 증가했던 데는 이유가 있었습니다. 베를린 동물보호센터는 당시에 한 주말에만 문의 메일을 500통 받았다고 합니다. 사람들은 외로움을 달랠 반려자로, 힘든 시기를 함께할 동반자로 동물을 찾았습니다. 동물은 피조물의 친척이고 인간과 함께 창조된 존재로서 우리에게 생기를 불어넣어 줍니다. 따라서 우리는 일상에서 동물에게 마음이 기울고 동물과 교감합니다.

존재에 대한 순수한 기쁨을 누리는 것은 삶에 유익합니다. 동물과 소통하는 것은 일상을 풍요롭게 합니다. 생기 넘치는 생명체와 직접 교류하는 체험은 삶에 놀라움을 가져올 뿐만 아니라, 상황에 따라서는 동물 자체가 기쁨이나 위로, 버팀목이 되기도 합니다. 예를 들어 우리 수도원 부속학교는 체육 시간에 학생들에게 승마 기회를 제공합니다. 정확히 표현하면 말을 타고 운동장에 그려진 원을 따라 도는 것입니다. 승마는 특히 여학생들에게 인기가 높습니다. 교사들은 장애가 있는 아이들에게도 치료 차원에서 승마 기회를 제공합니다. 그러면서 말을 타고 이 동물과 교류하는 것이 장애 아이들에게 얼마나 유익한지 거듭 깨닫습니다. 제 조카딸도 장애가 있습니다. 이 아이는 주말에 엄마인 제 막내 여동생과 수도원을 방문하여 말을 탈 때마다 달라졌습니다. 살아 있음을 느끼기 위해 이 아이들에게 말이 얼마나 중요한 존재인지 저는 다른 많은 사람에게서도 자주 듣습니다. 말은 그들에게 치료사와 같습니다.

개를 키우는 사람들도 있습니다. 이는 혼자 사는 사람들에게 특히 중요합니다. 개는 그들을 기다리고 기분을 알아차립니다. 그러고는 집 밖으로 나가자고 보챕니다. 이렇듯 개는 의욕을 잃어버린 우울한 사람에게 자극을 줄 수 있습니다. 그가 자리를 박차고 일어나도록, 밖으로 나가 산책하도록 이끌 수 있습니다. 당뇨병을 비롯한 여러 질병으로 고생하는 어느 여성은 자신이 키우는 강아지에게 얼마나 고마운지 저에게 말해 주었습니다. 강아지는 충직한 동반자로 자신이 일하는 동안 조용히 옆에 있을 뿐만 아니라 저혈당으로 매우 힘들어할 때도 곁을 떠나지 않는다고 합니다. 그래서 그 여성에게 힘의 원천이자 투병 생활의 위로가 됩니다. 강아지가 없었다면 벌써 여러 번 포기했을지도 모릅니다. 이 작은 동물은 그녀에게 만성적인 고통에도 불구하고 계속 일하도록, 그래서 많은 사람에게 복이 되도록 기운을 북돋아 주었습니다.

요즘에는 양로원에도 개가 있습니다. 개는 노인들에게 다가가 쓰다듬어 달라고 합니다. 이는 사람들에게 유익합니다. 그들은 더 이상 외롭거나 고립되었다고 느끼지 않습니다. 개는 그들을 알아보고 반갑게 꼬리 칩니다. 노인들은 자신이 이 생명체에게 받아들여졌다고 느낍니다.

다른 사람들은 고양이를 곁에 둡니다. 고양이가 뿜어내는 생기가 활기를 주기 때문입니다. 카나리아가 집 안에 활력과 기쁨을 주기도 합니다. 이렇듯 사람마다 선호하는 동물이 다릅니다. 집에서 동물을 키우며 함께 생활하는 것은 오랜 관습입니다. 분명히 사람들은 인간과 동물이 함께 지내는 것이 서로에게 좋다고 줄곧 인식해 왔습니다. 인간과 동물은 서로를 보완하고 힘의 원천이 될 수 있습니다. 동물은 거짓으로 꾸미지 않습니다. 동물은 원하는 것과 원하지 않는 것을 명확히 표현합니다. 그리고 인간의 기분을 알아줍니다. 인간과 동물 사이에는 일종의 공명共鳴이 존재한다고 많은 사람이 이야기합니다. 어느 중년 여성은 이렇게 말합니다. "남편은 저를 떠났고 아이들도 독립했어요. 그때부터는 고양이가 가장 신뢰하는 친구가 되었지요. 제가 기분이 좋지 않을 때면 고양이가 가르릉거리며 다가와 제 주위를 살금살금 걷다가 품에 안긴답니다. 그러면 걱정이 사라지지요." 많은 연구에 따르면, 동물에게는 인간의 마음을 열고 부드럽게 하며 주인의 필요를 알아차리는 일곱째 감각이 있다고 합니다. 장애 아동 치료 영역에서는 말, 개, 고양이가 아이들에게 얼마나 조심스럽게 반응하는지, 어떻게 아이들의 마음을 열고 부드럽게 하는지 보여 줍니다. 양로원에서도 동일한 현상이 나타납니다. 개가 있으면 분위기가 즉시 살아납니다. 동물은 오래전에 상실했다고 여겼던 능력을 되살리고 일깨웁니다.

친숙한 동물과 이야기해 보라

시간을 내어 당신이 키우는 개 또는 고양이와 20분가량 이야기해 보세요. 떠오르는 모든 것을 말해 보세요. 좋았던 일, 감사하고 즐거운 체험들에 관해서 말할 수 있습니다. 당신을 슬프게 했던 일도 꺼내 보세요. 그러면서 개/고양이를 바라보고 눈을 맞추세요. 개/고양이가 어떻게 반응하는지, 즐거운 이야기를 할 때와 곤경, 두려움, 고통을 이야기할 때 어떻게 달리 반응하는지 관찰하세요.

이야기를 마치면 개/고양이를 품에 안고 쓰다듬어 주세요. 그러면 개/고양이가 어떻게 반응하는지, 당신이 이야기한 것을 조금 이해했는지 알게 될 것입니다. 아마도 비언어적 소통이 달라질 것입니다.

♪♪ 집중해서 음악을 감상하라:
   선율에 온전히 잠기라

밤에 잠자리에 누워 헤드폰을 끼고 음악을 듣는 것은 저에게 힘의 원천입니다. 저는 그때그때 떠오르는 노래나 기분에 맞는 곡을 고릅니다. 그 곡이 마음에 깊이 스며들게 합니다. 그렇게 저는 오롯이 음악 속에 있습니다. 아니, 음악이 제 안에 있습니다. 음악은 제 몸과 영혼으로 스며듭니다. 제가 음악을 듣는 것만이 아니라, 음악이 제 안에서 공명합니다. 음악은 저를 완전히 충만하게 합니다. 음악과 제 영혼은 더 이상 분리되어 있지 않습니다. 하나가 됩니다. 이는 깊은 영적 체험입니다. 음악 속에 완전히 잠기면 마음이 편안해질뿐더러, 저를 영혼 깊은 곳으로 가까이 데려가 내면의 샘에서 물이 솟구치게 하는 듯합니다.

철학자 마르틴 하이데거는 이렇게 말했습니다. "듣는 것은 우리를 안전함으로 데려다준다." 음악을 들으면, 저도 보호와 지지를 받고 있다고 느낍니다. 작곡가, 연주자, 가수와 연결되는 듯합니다. 노래를 통해 표현되는 그들의 체험과 갈망과 사랑을 공유합니다. 모든 음악은 궁극적으로 사랑의 신비를 표현하기 때문입니다. 음악은 귀로 들을 수 있는 사랑입니다. 이 말은 특히 모차르트의 음악에 적용됩니다. 세속적인 오페라에서 울려 퍼지는 사랑의 아리아도 사랑의 신비를 어느 정도 드러냅니다. 결국 신적 사랑이 인간의 사랑을 통해 우리에게 감동을 줍니다.

바흐의 칸타타(하나의 줄거리가 있는 내용을 몇 개의 악장으로 나누어 구성한, 규모가 큰 성악곡: 옮긴이)나 모차르트의 미사곡을 들어 보면, 가수들은 단지 그 곡을 재생하는 게 아니라 고유한 목소리로 개성 있게 노래합니다. 저는 가수의 목소리와 노래하는 방식을 통해 그의 경험이 녹아든 가사를 듣고, 가수의 마음속에서 터져 나오는 가사와 음악을 공유합니다. 그런 가운데 마음이 잠잠해집니다.

철학자 한스 게오르그 가다머Hans-Georg Gadamer는 듣는 것은 언제나 이해하고 마음속으로 동행하는 것이라고 말합니다. 저는 음악을 들으면서 그 음악과 함께 갑니다. 음악은 나와 음악가들 사이에 유대를 만들어 줍니다. 그들의 체험에 공감하고 음악적 경험은 풍요로워집니다. 이는 일상에 새로운 힘을 선사합니다.

듣기, 영혼에 날개 달기

일주일에 한 번 30분가량 시간을 내어 음악을 감상하세요. 먼저 어떤 음악을 듣고 싶은지 곰곰이 생각하세요. '지금 내 영혼이 어떤 음악을 원하지? 오늘은 어떤 음악이 내 영혼에 도움이 될까?' 내면의 소리에 귀 기울이세요. 음악을 고르고 이를 듣기에 적당한 장소를 찾으세요.

소파에 기대어 공간 전체를 음악으로 채울 수 있습니다. 헤드폰을 끼고 편안히 앉거나 누울 수도 있겠지요. 방해가 될 만한 전화기 등과 같은 매체는 모두 꺼 두고 지금은 단지 음악 듣기에만 집중하는 것이 좋습니다. 오케스트라가 연주를 훌륭히 하는지, 가수들이 노래를 잘 부르는지 따위의 평가는 모두 내려놓으세요.

그저 음악이 당신 안으로 스며들게 하세요. 음악이 당신의 영혼에 어떤 영향을 미치는지 느껴 보세요. 음악이 영혼에 날개를 달아 줍니까? 영혼을 활짝 열어 줍니까? 영혼에 다른 감각을 선사합니까? 나아가 음악이 행복, 사랑, 안전함, 고향, 하느님에 대한 갈망과 접촉하게 해 줍니까?

감사는 관점을 바꾸는 마음가짐이다

오스트리아 출신의 미국 베네딕도회 회원인 다비드 슈타인들 라스트David Steindl-Rast는 '감사'를 자신을 움직이는 영성의 핵심으로 삼았습니다. "감사는 갈라지고 분열된 것을 이어 준다. 다른 사람들과의 관계, 자기 자신과의 관계, 궁극의 실재實在이신 하느님과의 관계를 치유한다." 이렇게 말하면서 감사가 우리가 처한 상태에 의미하는 바가 무엇인지 다음과 같이 덧붙입니다. "나는 행복하기에 감사하는 게 아니다. 오히려 감사하기에 행복한 것이다."

감사해야 한다며 자신을 압박해서는 안 됩니다. 우리가 만나는 대상을 새롭게 바라보는 자세만이 필요합니다. 특별한 계기가 있어야 감사할 수 있는 건 아닙니다. 우리는 날마다 많은 것에 감사할 수 있습니다. 건강, 가족, 친구, 일, 좋은 만남과 대화, 우리를 바라보는 다정한 눈길, 자연의 아름다움에 감사할 수 있습니다.

감사가 삶을 받아들이고 나 자신과 일치한다는 것만 의미하지는 않습니다. 하루를 있는 그대로 받아들인다는 뜻이기도 합니다. 오늘 나는 깊은 내적 평화를 맛보았다고, 모든 것이 있는 그대로 좋았다고 감사할 수 있습니다. 그러나 하루가 자신이 원하는 대로 잘 풀리지 않았더라도, 감사하는 마음을 지니는 게 중요합니다. 알베르트 슈바이처 Albert Schweitzer는 우리가 처한 상황이 좋지 않을 때는 즉시 감사할 만한 것을 찾아야 한다고 말합니다. 틀림없이 무언가를 발견할 겁니다. 감사는 부정적인 감정을 만족스러운 기분으로 변화시킵니다.

삶의 분위기를 바꾸는 좋은 방법은 감사 일기를 쓰는 것입니다. 밤에 잠시 멈추어서 하루를 돌아보며 감사할 만한 것이 무엇인지 적을 수 있습니다. 그러면 아름다운 순간만이 아니라, 평범한 일상을 깨뜨린 고통스러운 체험에도 감사할 수 있습니다. 매일 아침 눈뜨자마자 오늘 나에게 일어날 모든 일에 감사하겠다고 마음먹는다면, 하루를 더 의식적으로 살게 되고 밤에 훨씬 더 행복해질 것입니다. 감사의 안경을 끼고 하루를 돌아보면 소중한 일이 많이 떠오릅니다. 감사의 관점은 하루를 새로운 빛으로 비추어 주고 나 자신에게도 이롭습니다. 오늘 하루를 무거운 짐이 아니라 기쁨과 행복의 원천으로 체험하게 됩니다. 감사하는 마음은 나를 북돋우고 예전에 밤이면 나를 짓눌렀을 허탈함과 공허함에서 벗어나게 해 줍니다. 이 마음가짐으로 하느님의 드넓은 손에 나를 내맡기며 내일 새 힘을 얻어 다시 일어날 것을 믿습니다.

밤에 잠시 하루를 돌아보라

몇 주 동안 밤마다 오늘 감사하는 모든 것을 일기장에 적어 보세요. 일기를 쓸 마음이 없다면, 하느님을 향해 두 손바닥을 펼쳐 보세요. 오늘 하루가 당신의 손안에 담겨 있습니다. 하느님이 오늘 당신의 손안에 주신 것들을 감사하는 마음으로 바라보세요. 뜻깊은 만남, 슈퍼마켓 판매원의 다정한 눈길, 맑은 날씨, 당신이 해낸 일 등. 그리고 가족, 친구, 당신과 연결된 사람들, 당신을 좋아하는 사람들에게도 감사하세요. 당신의 건강에도 감사하세요. 아무튼 하루를 잘 마무리했으니까요. 일기를 쓰든 손을 펼치든 감사는 당신을 좋은 감정으로 채워 줄 것입니다.

♪ 하루를 의식적으로 마치고 잘 자라!

저는 여러 사람과 대화를 나누면서 이들이 하루를 만족스럽게 마치지 못한다는 말을 자주 듣습니다. 어떤 사람들은 TV 앞에 앉아 있다가 그대로 잠이 듭니다. 그러다가 어느 순간에 잠이 깨면 소파에 눕거나 침대로 갑니다. 이는 제대로 잠을 자는 게 아닙니다. 다른 사람들은 밤에 작은 일들을 처리합니다. 밤늦게 잠자리에 들지만, 자신이 중요한 일을 했다는 만족감은 들지 않습니다. 또 다른 사람들은 잠자리에 누워 그날 자기가 한 모든 일을 생각하며 비판적으로 검토하기 시작합니다. '내가 달리 결정했다면!' '아들/딸과 대화할 때 좀 더 이해심을 갖고 신중했다면!' '그 일에 더 집중했다면 실수하지 않았을 텐데!'

하루를 적절한 의식으로 마무리하는 것이 좋습니다. 의식은 한쪽 문을 닫고 다른 쪽 문을 엽니다. 밤 의식은 낮의 문을 닫고 밤의 문을 열며 잘 자기 위함입니다. 두 손을 그릇 모양으로 모아 들어 올리는 것도 적절한 밤 의식입니다. 오늘 일어난 모든 일, 지금 떠오르는 모든 일과 함께 하루를 하느님께 내보입니다. 그러나 이미 일어난 일을 평가하지는 않습니다. 그 일은 끝났습니다. 더는 어찌할 수 없습니다. 이를 하느님께 맡기며 그분이 그것을 축복해 주시리라고 믿습니다. 하느님은 내가 최선으로 이끌지 못한 대화를 축복으로 바꾸실 수 있습니다. 내가 잘못 내린 결정도 축복으로 변화시켜 주십니다. 이제 나는 하느님의 드넓은 손에 나를 편안히 내맡깁니다.

이때 오늘 잘 진행되지 않은 일이 갑자기 떠오르면서 내일 그 일을 제대로 하겠다는 생각이 들 수도 있습니다. 그러나 불안해하지 않습니다. 오히려 아주 편안한 가운데 내일 이와 관계된 사람에게 가겠다고 생각합니다. 이러한 생각은 나를 밤새도록 지배하지 않을 겁니다. 오히려 나는 하느님이 그 사람과 나눌 대화를 축복해 주시리라 믿으면서 잠자리에 듭니다. 내일은 하느님의 축복 아래 그 일이 무리 없이 잘 진행되어 좋은 결과가 나올 것입니다. 의식을 행하는 가운데 마음이 불편해지는 게 아니라, 내일 그 일을 잘 처리하겠다는 마음이 생기고 창의성도 샘솟습니다. 하지만 내일 할 일이니 지금 생각할 필요는 없습니다.

그 일을 하느님의 축복에 맡깁니다. 이제 긴장을 풀고 하느님의 드넓은 손에 나를 기댑니다. 그리하여 편히 쉬고 잠을 잘 수 있습니다.

일을 마치는 것은 새로운 시작을 가능하게 한다

하루를 마감하면서 오늘이 마지막 날이라고 생각해 보세요. '나는 오늘을 삶의 마지막 날처럼 생각하며 하루를 마감한다. 나는 모든 것을, 이날을, 나 자신을, 내가 사랑하는 모든 사람을, 내 인생 전체를 하느님의 드넓은 손에 맡긴다.' 이렇게 하루를 마치는 것은 새로운 시작을 가능하게 합니다. 또한 하느님의 드넓은 손에 의지하기 위해서는 모든 것을 내려놓으라는 가르침을 줍니다. 밤은 죽음의 잠을 연상시킵니다. 그리고 아침은 하느님이 나에게 선사하시는 새로운 삶, 부활을 체험하게 합니다.

닫는 글

우리는 더 나은 삶을 살기 위한 다양한 방법을 살펴보았습니다. 어떻게 해야 삶을 변화시킬 수 있는지, 스트레스를 줄일 수 있는지, 무언가에 억눌리고 낙담했다면 어떻게 적극적으로 대처할 수 있는지 알아보았습니다. 이 책에 제시된 방법을 모두 받아들일 수 있는 사람은 아무도 없습니다. 저 역시 그렇습니다. 저는 때때로 이런저런 방법을 구체적으로 실행하라고 자신을 몰아댑니다. 그리고 어떤 일을 내 손으로 직접 해결하기보다는 때로는 불평부터 한다는 사실을 알아차립니다. 제시한 연습과 의식들은 자기 삶을 주도하라는 초대입니다.

이런 속담이 있습니다. "인간은 누구나 자신의 행복을 만드는 대장장이다." 대장장이는 쇠를 불려 자신이 원하는 형태를 만듭니다. 이때 달군 쇠를 모루 위에 올려놓고 두드리는 일만 중요한 게 아닙니다. 그렇게 달군 쇠를 어떤 형태로 만들지도 알아야 합니다. 우리에게는 두 가지가 모두 필요합니다. 삶을 변화시키는 구체적인 행위와 잘 살기 위한 새로운 마음가짐입니다. 이 책에 제시된 연습과 의식들은 내적 태도를 변화시키려 합니다. 살면서 이따금 느끼는 무력함에서 우리를 해방하고자 합니다. 나아가 다른 사람들이 나를 행복하게 해 주어야 하는 양, 또는 하느님이 나의 행복을 보증해 주셔야 하는 양 삶에 대해 지닌 환상에서 벗어나게 하고자 합니다. 하느님은 우리가 삶을 주도하도록 두 손을 주셨습니다. 자신과 자기 삶에 만족하도록 삶을 꾸려 가는 능력을 주셨습니다.

이 책은 낙관적인 인간상을 전제로 합니다. 인간은 누구나 자신 안에 좋은 씨앗을 품고 있습니다. 하느님은 각 사람의 영혼에 지혜를 선사하셨습니다. 우리는 영혼 깊은 곳에서 무엇이 유익한지 알고 있습니다. 그렇지만 종종 영혼의 지혜에서 멀어지곤 합니다. 인생에 대한 그토록 많은 조언과 이론이 혼란스럽게 하기 때문입니다. 이 책의 목적은 당신이 다시 영혼의 지혜와 교류하도록 돕는 것입니다. 저는 누구도 가르치려 하지 않고 아무에게도 특정한 방식을 따르라고 강요하지 않습니다. 여러분이 자기 영혼을 신뢰하고 자신에게 유익한 일을 지속적으로 행하도록 용기를 주고 싶을 뿐입니다. 이러한 훈련이 처음에는 그다지 내키지 않을 수도 있습니다. 한번 시작해 보자고 자신에게 촉구해야 할 겁니다. 그러나 연습을 하겠다고 결심하면 즐거워질 수 있습니다. 이러한 실천이 자신을 더 기쁘고 행복하게 해 준다고 느낄 것입니다.

  연습의 목표를 베네딕토 성인의 말씀으로 기술해 보겠습니다. 성인은 자신이 작성한 《규칙》의 서문 끝에 주님께 봉사하기 위한 학교를 세우고 싶다고 언급합니다. 처음에는 어떤 방법을 꾸준히 실천하기가 다소 어려워 보일 수 있습니다. 그래서 뒤로 물러나 이렇게 생각합니다. '나는 그것을 하고 싶지 않아. 나에게 너무 힘들어.' 시작할 때는 길이 언제나 좁고 가파르다고 성인은 말합니다. 그렇지만 연습하는 길을 앞서 걷는 사람은 "마음이 넓어지고 이루 말할 수 없는 사랑의 행복을 느끼면서 하느님 계명의 길을 갑니다"(《규칙》, 서문 49).

  이 책에서 제시한 방법을 읽고 연습하고 의식을 행함으로써 당신의 마음이 넓어지고 사랑의 행복을 체험하기를 기원합니다. 라틴어 문구를 빌려 표현하면, '이루 다 말할 수 없는 사랑의 달콤함 속에서 inenarrabili dilectionis dulcedine' 일상을 살아가기를 바랍니다. 연습과 의식을 통해 당신의 삶이 새로운 맛, 곧 사랑이라는 달콤한 맛을 내기를 소원합니다. 드넓어진 마음으로 기쁘고 자유롭게 당신의 길을 계속 가십시오.

옮긴이의 말

우리는 늘 그날이 그날이고 별 볼 일 없는 똑같은 일상의 연속이라고 이따금 불평합니다. 이렇게 일상을 건조하고 단조롭고 지루하다고 여기지만, 다른 한편으로는 일상을 새롭게 바꾸고 싶다는 꿈을 꿉니다. 삶은 하루하루로, 평범한 일상으로 엮어집니다. 자잘한 일상의 조각들이 맞춰져 인생이라는 큰 모자이크가 만들어집니다. 이 작은 조각들을 무엇으로 채울지는 우리 각자에게 달렸지요.

저자는 우리가 삶에서 마주하는 여러 유형의 문제들을 다룹니다. 건강, 수면 부족, 번아웃, 분주함, 걱정, 불안, 스트레스 등 신체적 측면과 정신적·정서적 측면을 비롯해 집중하기, 아름다움 누리기, 감사하기 등 영적 측면도 상세히 조명합니다. 이어서 우리의 일상을 여러 각도에서 바라보며 그것을 서서히 새롭게 바꾸는 방법과 구체적인 지침들을 제시합니다. 더 정확히 말하면, 일상에서 무엇보다 자기 자신을 변화시킬 방법, 일상이 더 가벼워지도록 우리가 연습할 방법과 필요한 의식들을 기술합니다. 곧 우리가 삶을 어떻게 개선할 수 있는지, 어떻게 해야 하루를 잘 시작하고 마감할 수 있는지, 기분을 전환하고 마음을 드높이는 방법이 무엇인지 말이지요. 그리고 성실히 연습한다면 자신이 직면한 힘든 상황에 적극적으로 대처할 수 있다고 확신합니다. 또한 우리를 짓누르는 스트레스, 때때로 느끼는 무력함, 우리에게 닥친 문제에 대해서 하나의 답을 얻을 수 있다고 강조합니다.

이 책에 나오는 글들은 짤막하고 명료하면서도 영향력이 매우 큽니다. 저자는 성경과 신학, 심리학을 바탕으로 해당 주제에 관한 생각을 밝힙니다. 그의 깊은 영성과 사목 현장에서의 다양한 체험에서 비롯된 이야기에는 공감과 따뜻함, 신뢰, 격려가 묻어나고 우리의 시야도 크게 넓혀 줍니다. 그러므로 이 책에 나오는 글들을 천천히 읽으면서 마음에 새기고 해당 주제와 관련된 연습을 실행에 옮겨 보면 좋겠습니다. 날마다 특정한 의식과 구체적인 연습을 성실히 실행한다면 일상이 조금씩 달라질 것입니다. 새 힘을 얻고 내적 변화를 꾀하며 자기 삶을 주도할 수 있을 것입니다.

우리 삶이 달라지기 위해서는 구체적인 행위와 새로운 마음가짐이 필요합니다. 이 책이 주는 메시지를 통해 많은 자극을 받고 일상의 소중함도 새삼 깨달았습니다. 이제 삶의 태도를 바꾸어 일상을 새롭게 일구어 가며 균형을 유지하겠다고 결심해 봅니다.

2025년 봄

황미하

Anselm Grün
일상을 새롭게 바꾸려면

서울대교구 인가: 2024년 5월 8일
초판 1쇄 펴낸날: 2025년 4월 29일
2쇄 펴낸날: 2025년 6월 7일

지은이: 안셀름 그륀
엮은이: 루돌프 발터
옮긴이: 황미하
펴낸이: 나현오
펴낸곳: 성서와함께

주소: 06910 서울특별시 동작구 흑석로13길 7
전화: (02) 822-0125~7/ 팩스: (02) 822-0128
인터넷서점: http://www.withbible.com
전자우편: order@withbible.com
등록번호 14-44(1987년 11월 25일)

ⓒ 성서와함께 2025
성경 ⓒ 한국천주교중앙협의회, 2025.

ISBN 978-89-7635-452-5 93230